U0837342

名人家风丛书

崇孝尚义冠江南

——郑绮与郑氏家风

名人家风丛书

崇孝尚义冠江南

——郑绮与郑氏家风

贾洪哲 著

中原出版传媒集团
大地传媒

大象出版社
·郑州·

图书在版编目(CIP)数据

崇孝尚义冠江南：郑绮与郑氏家风／贾洪哲著.— 郑州：大象出版社，2016.1
(名人家风丛书)
ISBN 978-7-5347-8284-8

Ⅰ.①崇… Ⅱ.①贾… Ⅲ.①家庭道德—中国 ②郑绮—家族—史料 Ⅳ.①B823.1 ②K820.9

中国版本图书馆 CIP 数据核字(2015)第 019169 号

名人家风丛书
崇孝尚义冠江南
——郑绮与郑氏家风
贾洪哲 著

出版人 王刘纯
总策划 郑强胜
责任编辑 董 涛
责任校对 牛志远
封面设计 王莉娟
版式设计 王 敏

出版发行 大象出版社(郑州市开元路 16 号 邮政编码 450044)
发行科 0371-63863551 总编室 0371-65597936
网 址 www.daxiang.cn
印 刷 洛阳和众印刷有限公司
经 销 各地新华书店经销
开 本 890mm×1240mm 1/32
印 张 7
字 数 154 千字
版 次 2016 年 1 月第 1 版 2016 年 1 月第 1 次印刷
定 价 28.00 元
若发现印、装质量问题，影响阅读，请与承印厂联系调换。
印厂地址 洛阳市高新区丰华路三号
邮政编码 471003 电话 0379-64606268

总　序

一个人有一个人的气质，一个国家有一个国家的性格。一个家庭在长期的延续过程中，也会形成自己独特的风气。这样一种看不见的风尚习惯、摸不着的精神风貌，以一种隐性的形态存在于特定家庭的日常生活之中，家庭成员的一举手、一投足，无不体现出这样一种习性。这就是家风。

“家风”一词，最早见于西晋著名文学家潘岳的诗中。与潘岳有“双璧”之称的夏侯湛，自恃文才超群，将《诗经》中有目无文的六篇“笙诗”补缀成篇。潘岳为与友人唱和，写作了《家风诗》。在这首诗中，作者通过歌颂祖德、称美自己的家族传统以自勉。

“家风”又称“门风”，这个词语在西晋出现并在随后流行，显然和“士族”“世族”“势族”“大族”“世家大族”成为社会上的统治力量有关。无论是以宗族为根基、以武力为特质的地方豪族，还是以官宦为标志、以文化为表征的名家大姓，他们政治上累世贵显，经济上广占土地，文化上世传家学，垄断了全社会的主要资源。除通过九品中正制和婚姻关系来维护门阀制度之外，他们还自矜门户、标树家风，用以抵御皇权和寒人的侵渔。正因为如此，两晋以后，这个词语渐次流行。从发轫之初，“家风”就往往和“门风”互用。我们可以将它理解为家庭的风气，将它看作一个家庭的传统、一个家庭的文化。

传统作为人类代代相传的行事方式，是从过去延传到现在的事物。没有经过较长时间的过滤和沉淀，就形成不了传统。在《论传统》的作者希尔斯看来，至少要持续三代人，才能成为传统。尽管世代本身的长短不一，但无论是信仰还是行动范式要成为传统，至少需要三代人的两次延传。家风作为特定家庭的传统，是该家庭长时期历史汰选、传统沉淀的结果，是一辈又一辈先人生活的结晶。在历史文献中，“家风”或与“世德”共举，或与“世业”并称，足见家风有别于时尚，而与“世”即很多年代、好几辈子紧密关联。在时间上持续的短暂性是时尚的特征，而家风则是历经延传并持久存在，或者在子孙后代身上一再出现的东西。正是在这个意义上，历史文献中提及“家风”一词，往往蕴含对传统的继承。如比比皆是的“不坠家风”“世守家风”“克绍家风”“世其家风”及“家风克嗣”等，无不体现了这一特点。

有一种观点认为，家风必须是健康的、积极向上的，否则，不能称之为家风。实际上，这只是说者的一种期许、一种渴盼，家风本身并不蕴含这样的意味。否则，“良好家风”就是毫无意义的同义反复。正如“文化”是使民族之间表现出差异性的东西，时时表现着一个民族的自我和特色一样，家风作为家庭的文化和传统，表现的也是一个家庭的气质和风习，反映出一个家庭与其他家庭的不同之处。它完全是一个中性的概念，并不必然具有正面的意义。有的家风可能是勤奋俭朴、为人忠厚、待人有礼，也有的家风可能是狡诈刻薄、游荡为非、跋扈凶横。如同一所学校、一个班级的风习我们称之为学风、班风，而学风有好坏之分，班风有高下之别，并不总是值得弘扬一样，家风同样也有不良的，并不都是传家宝。正因为如此，对家风或门风则就既有称誉，也有贬损。即便是在传统社会，被视为传家久、继世长的，也只有耕读、忠厚、清廉这样一些美好的品质。

的确，家风的特征在前现代、在乡村社会、在大家庭中表现得十分鲜明，格外生动，而在现代城市家庭中却不那么明显。但是，只要一个组织存在，就会有这个组织的文化，特别是这个组织如果有历史的厚重，有传统的积淀，就更是如此。作为家庭的文化，家风是附丽于家庭而存在的，只要有家庭，就会有家风。家风并不必然会因为农村的城市化、大家族被小家庭所取代而丧失，或者说，随着历史的演进，社会情势的变化，家风的具体内容肯定会有变化，但家风仍然会存在。我们可以这样认为，没有家风，本质上也是一种家风。在社会结构和家庭结构都发生了革命性变革的当今社会，人们感叹“家风”的荡然无存，其实是指家庭所秉持的“只耕田，只读书，自然富贵；不欠债，不健讼，何等安宁”这样一些古典原则的式微，是指“耕读两途，读可荣身耕可富；勤俭二字，勤能创业俭能盈”这样一些传统内容的沦落，是“志欲光前，惟是诗书教子；心存裕后，莫如勤俭传家”这样一些旧时理念的散淡，而不是家风本身的消逝。

此外，家风不同于家规。虽然这两个词都与家庭教育相关，但它们有着本质的差异。

家规是家庭或家族中的规矩，是家人所必须遵守的规范或法度，是父祖长辈为后代子孙所制定的立身处世、居家治生的原则和教条。它是借助尊长的权威，加之于子孙族众的又一重道德约束，有的甚至具有法律效力。它有家训、家诫、家仪、家教、家法、家约、家矩、家则、家政、家制等名义，有敬祖宗、睦宗族、教子孙、慎婚嫁、务本业、励勤奋、尚节俭等多方面的内容，是行于口头、针对性强的具体教诫，是见诸家书、目的明确的谆谆训诲，是载诸家谱、可供讽诵的文本规条。家规可以有多种分类，如：根据其表现形式，可以分为教诫活动的家规和文献形式的家规两种；根据内容，则可以分为针对一人一事、起因明确、内容具体、结果显豁的非规范性家规和针对整个人生、涉及方方面面的规范性家规。有的家规，着重家庭子弟的道德修养，教授为人处世要法；有的家规，集中居家治生，以至是祠堂、义庄、学塾等的管理规条。但无论如何，相对于家风，家规一个总的特点是有形的，是可视可见的。

一个家庭的家风有别于这个家庭世代相传的道德准则和处世方法，它是一个家庭的性格特征。虽然它一旦形成，也就成为教化的资源，对家族子弟具有熏染影响、沾溉浸濡的意义，但家风是一种不必刻意教诫或传授，仅仅通过耳濡目染就能获得的精神气质，具有“润物细无声”的作用。历史文献中的“渐渍家风”，就极为生动形象地诠释了这一过程。通俗地说，我们可以把家规看作教化家人的教科书，而家风则是经由长期教化后的结果。

马年春节期间，中央电视台的“家风”系列报道，引起了社会的热烈反响和高度认同。这一报道对于引导人们自觉省思，培植良好的家风，构建和谐的家庭关系，夯实家庭这一社会的堡垒，进而培养全社会的良风美俗，疗治现今社会的乱象，无疑具有积极的意义。正是基于这样一种用心，寻根杂志社主编郑强胜代表大象出版社，约请我主编这套“名人家风丛书”。

由于时间关系，第一辑的十本书都是我的学生编写的，他们有的已经博士毕业，有的还硕士在读，水平不一。尽管我们高度重视这一工作，多次在中心的例会上讨论编写事宜，但由于时间仓促，特别是水平所限，其中肯定会有这样或那样的问题。希望读者诚挚地帮助我们，不吝指教，以便我们把后面的工作做得更好。

北京师范大学国学经典教育研究中心 徐梓

2015年1月

目录

第一章

麟溪不绝，风流千古

在浙江浦江县的玄鹿山下，白麟溪边，有这样一个家族：他们高举孝义的旗帜，以耕读传家，历经宋、元、明三个王朝，十五世同居共食长达三百多年。它就是堪称天下之奇的“江南第一家”——郑氏家族。“宋元明三朝赐命，忠孝义百世流芳”，到底是谁，开创了这样一个令人称奇的家族？他又是如何开创的呢？让我们一起漫步白麟溪畔，开启尘封的记忆，领略郑氏义门同居一世祖郑绮的孝义风采。

第一节 那些年，我们一起怀念的过往

祖先已然逝去，我们之所以常常祭奠，之所以时时怀念，是因为无论过了多久，他们的情感，他们的精神，依然值得我们缅怀。客观的物质财富终究有用尽的一天，但只要我们愿意怀念，那些遗风遗训不管在何时，都可以弹奏出千古绝唱。

研究欧美国家人们的姓氏时，我们会发现一个很有趣的现象，那就是他们的祖先往往根据一个职业名称、地点名称等就可以确定自己的姓氏，从此开始了一个家族的延续。而在中国，每一个姓氏都有一个源远流长的故事，伴随中国五千年悠久的历史一路走来。郑氏就是其中一个。

一部封神榜，不仅让我们领略了各路神仙妖怪的神奇，也让我们记住了周文王姬昌和周武王姬发，记住了周朝。没错，郑氏源于姬姓，源于这个充满神奇的时代。

为巩固统治，周朝实行分封制，即周天子将土地分封给亲属或功臣，

而被分封之人称为诸侯。类似于今天的总公司和分公司的关系。诸侯必须服从周天子的命令，有为周天子作战、朝贡、治理诸侯国以及保卫国家的义务。周朝第十二位君主周宣王，将弟弟姬友分封到今陕西华县东部地区，国号为郑，郑姓从此与姬姓便紧密联系在了一起。

周宣王死后，周幽王继位，姬友此时担任周王室的司徒，掌管国家的土地和户籍。提起周幽王，大家可能没什么印象，但“烽火戏诸侯”的故事一定是大家所熟知的。西周末年，周幽王为博妃子一笑，数次无故点燃边关告急用的烽火。烽火台是军事要塞处的建筑，守军一旦发现敌情，便立刻发出预警信号，白天点燃掺有狼粪的柴草，滚滚浓烟便直上云霄；夜里则燃烧加有硫黄和硝石的干柴，使火光通明，以传递紧急军情。烽火被点燃后，各路诸侯长途跋涉，匆忙赶去救驾，然而一路长途奔波和风尘仆仆换来的却是周幽王的戏弄。这样严肃重要的事情，怎么开得起玩笑？各路诸侯真是懊恼不已。

只有万分危急的时候才可以点燃的烽火，却被一个帝王拿来换美人一笑。这同“狼来了”的故事有何区别？周幽王从此再也无法立威信于各诸侯，国家灭亡近在眼前，真的是美人一笑倾人国啊！姬友是一个至诚之人，目睹周幽王的残暴荒淫，他哀叹国家百姓的不幸，同时也深感祸患将至。但是自己回天乏术，也就只能明哲保身了。《中庸》中认为，国家兴亡，至诚之人必先知之，也许“至诚如神”就是说姬友这样的人吧。然而如何明哲保身，他必须有一个完备的计划。姬友向掌管王室书籍的太史伯请教良策，因为这样一个常年与书为友的人必定是学富五车，颇有谋略且目光长远的。当姬友向太史伯说明自己的想法后，太史伯目光深邃，计上心头，建议道：“最好的自保方法是离开这是非之地，另找一个安身之所。”看来“三十六计，走为上计”真的是一个经典的法则。那到哪里合适呢？太史伯接着分析道：“虢（guó）国（今河南省荥阳市东北）和郐（kuài）国（今河南新密市东南）间的地带，拥有黄河、济河，交通便利；其次，如若周亡，此地周围的国家兴起的可能性很小，日后不会威胁到郑国。另外，此地居民因厌恶虢国和郐国君主的贪财好利，并未归附他们。您是天子叔父，又得朝野上下的爱戴，日后这些百姓必然是您的子民。”

姬友眼前一亮，听着太史伯的描述，脑海中已经开始想象那一方圣地。真的是一个福泽之地啊，是自己最佳的选择。姬友兴奋地说：“不愧为太史伯，天下之事您都了然于胸！”之后，姬友便开始暗暗筹划迁国事宜。虢、郐二君听说姬友要搬迁至此，共献出十座城池。如此一来，姬友也有了立国的基础。不久，他就下令原封地上的居民东迁。在黄河流域这片土地上，掀开了郑国的新篇章。

公元前771年，如姬友所料，叛乱爆发了。其实，作为周王室的一员，姬友曾想，当王室有难之时，自己与其共存亡是责无旁贷之事。只是为了子孙和国民，才有了之前的迁国行动。因此，在叛乱之中，已经无后顾之忧的姬友冲锋陷阵，奋勇杀敌，最终为保护幽王而不幸战死疆场。他也因此以忠臣的形象而名垂千古，死后谥号为“桓”，因被分封到郑国，史称郑桓公。在郑桓公后代的努力下，郑国一度成为春秋初期的强国，后来因治理不善而逐渐衰弱，于公元前375年被灭。亡国之后，郑国子孙便开始普遍使用郑姓。

郑桓公，这位中国历史上著名的忠臣良将，就是郑氏子孙的太始祖。

虽然远祖已逝，但忠义之风未断。

悠悠历史，就这样淹没了曾经的惊涛骇浪，眨眼间便到了北宋时期。

郑氏家族第六十一世孙郑凝道被任命为安徽歙县县令。在任期间，他勤政爱民，得到了百姓的拥护和爱戴，卸任县令后，郑凝道定居在了歙县。他的次子郑自牖也因此在歙县长大，濡染此地淳朴的民风，度过了快乐的童年。在父亲的精心教导下，郑自牖也决心像父亲一样，以己之力报效国家、造福百姓。于是他考取了进士，走上仕途，官至殿中侍御史，负责纠察百官上朝仪容。生性正直的他满怀一腔热血，不畏权贵，直言进谏。但却因此得罪了很多人，使他因直谏而被贬谪至遂安（今浙江淳安县）。离开之际，郑自牖回望一眼，便毅然转身。不管怎么样，自己没有违背自己的初心；不管怎么样，自己曾经努力过。是呀，天空没有鸟的痕迹，但我已飞过！郑自牖就是这样耿直，就是这样淡然，两袖清风，飘然而去。

郑自牖就这样轻轻地走了，不带走一片云彩，却留下一股清风。“先天下之忧而忧，后天下之乐而乐”的北宋名臣范仲淹，就被这股清风所感染。他见郑自牖为官清廉、刚正不阿、家风孝义，特别书写“郑氏家宝”四字来传颂赞美郑自牖。

都说家庭和乐就会子孙满堂。郑自牖有十九个儿子，想必与他孝义的家风有着或多或少的关系。他的第十三个儿子，名叫郑安仁，同样进入仕途，官至秘阁校理，即皇上的文学侍从。郑安仁育有三子，分别为郑渥、郑涚（shuì）、郑淮。三人兄友弟恭，爱好兴趣近乎一致，都喜欢儒家文化，向往着能够找到一处恬静而充满儒家文化气息的地方，如果在这样的地方居住，身心自然愉悦。于是，三人的目光共同锁定到了浙江省浦江县。

浦江县，从唐朝开始设立，位于浙江省中部，金华市北部，因境内有浦阳江而得名。浦江素有“小邹鲁”的美名，境内玄鹿山下更是草肥水美，风景如画。这样一个地方，怎能不叫人心生向往？心动不如行动，兄弟三人怀揣着那份悸动与好奇，举家迁往浦江县。落地生根那一刻，他们也成了浦江郑氏的开基之祖。谁曾想得到，正是当年这三个年轻人那份纯真的热情，那份朦胧的憧憬，才有了浦江郑氏百年的孝义传家史。直至今日，仍让我们感怀。

迁居浦江后，兄弟三人仍旧和睦友爱，被当地人赞称“三郑”。其中，郑淮更因其聪颖睿智，从三人中脱颖而出。这样的好儿郎，各家的女儿必定愿意托付一生；这样的好儿郎，那些愿意成就姻缘的人，必定也时时刻刻想着给他找个好妻子。朱恮就是这样一位成就姻缘的月老。作为郑淮父亲郑安仁的好友，朱恮曾教授兄弟三人《春秋》。郑淮因为天资聪慧，经过三年的潜心治学，便能洞察文章主旨深意。朱恮因此将郑淮当成自己的得意弟子，而郑淮的成家立业之事也成了朱恮关心的事。朱恮总是在想，自己的得意弟子若是再能与自己有亲戚关系，那就更好了。经过认真地思寻搜索，朱恮将自己外亲家的女儿宣氏介绍给了郑淮。而宣氏就是那个愿意将自己的一生，托付给郑淮的女子。之后，郑淮入赘到同县承恩里宣氏为婿。在中国，从古至今，我们的固有思维都是丈夫娶妻子进门。尤其在古代，男到女家成亲落户要随女家的姓氏，常常被人耻笑为“倒插门”“小子无能更姓改名”等。因此，一个男子入赘到女方家，真的是一件不容易的事。而这样的结果，不禁让人怀疑，郑淮与宣氏第一次见面时，是否一眼便千年？以致郑淮得以保留“郑”姓。

白麟溪

虽然是作为入赘的女婿，但学习儒家文化的郑淮有着慎终追远的思想。因为白麟，即白色的麒麟，被传为郑氏上古的远祖，为了铭记郑氏祖先，郑淮将村旁的溪水改名为白麟溪。而后，郑淮家居白麟溪旁，自此正式定居在今浦江县郑宅镇。浦江郑氏的家风，也随着这条白麟溪水，绵绵不绝，流传百世。

千百年来，多少风流人物都随历史长河而去，但祖先那遥远的风范，却因为我们的怀念而不曾远离。也只有这千古遗风，才能温柔岁月，才能惊艳时光，吹拂万代。

第二节　因为是你，所以我相信

浩瀚历史长河，许许多多平凡的小人物就如一粒粒沙子一样沉入河底。英雄伟人身上的光芒太耀眼，让我们常常忽略小人物的存在，其实他们也是历史长河中的点点繁星，在自己的世界里，创造了那些感天动地的故事。

历史镜头聚焦到浦江郑氏。一声洪亮的哭声响起，郑照的家里再次迎来了一个新生命。已经有了一个儿子的郑照夫妇当时也许没有想到，当他们的大儿子早夭之后，这个小生命成了他们唯一的儿子；也许他们更没有想到，在他们逐渐走向年迈的岁月中，这个独子给了他们多少快乐、多少安慰、多少温暖。

郑照，何许人也？还记得当年白麟溪旁的郑淮吗？没错，就是那个和宣氏一眼便千年的郑淮。他和宣氏有三个儿子，郑照是他们的小儿子。入赘的郑淮比别人更加重视自己的祖先，时常向自己的孩子讲述郑氏家族的故事。因此，郑照对郑桓公舍身救主、郑凝道勤政爱民、郑自牖直言进谏等故事早已烂熟于心。而这些祖先的精神品质也在无形中影响了郑照，他为人耿直、忠厚并且富有同情心。两位哥哥成家后都另立炉灶，最小的郑照便继承了父亲千亩祖传的良田。有这样殷实的家业，这样良好的家风，郑氏也成了浦江当地小有名望的家族。

随着镜头呈现画面的扩大，郑氏真的成为一颗星，如果没有刚才的特写，在那战火纷飞的北宋末年，谁又能注意到郑照这样一个小人物呢！当年握有军权的赵匡胤“黄袍加身”，建立了北宋，因为自己凭借兵权而成功建立政权，赵匡胤上位后，十分注重压制武将、军队的发展，以维护自己的统治。同时，位于今天内蒙古地区的辽朝、东北地区的金朝以及西部的西夏国逐渐强大，对北宋王朝构成了严重的威胁。几次交战，北宋都以失败告终。战争造成财政吃紧，朝廷便加重赋税以充实国库。真是屋漏偏逢连夜雨，战争已经让百姓苦不堪言，苛捐杂税的加重更是雪上加霜。

时至北宋末年，加之一些奸臣当道，北宋已经是内忧外患，笼罩在一片阴霾之下。在这样一个风起云涌的时代，在浙江省浦江县，也上演着小人物的悲壮之举！

战火弥漫的北宋末年，时值严冬腊月，眼前的情景不是“忽如一夜春风来，千树万树梨花开”，而是饿殍遍野、颓败萧条的惨状。战乱苛税，受苦受难的总是普通老百姓，忍着饥饿寒冷，他们只能沿街乞讨。面对可怜的老百姓，郑照想起了祖先郑凝道要关爱百姓的教诲，他再也坐不住了。怎样才能帮助那些挨饿受冻的老百姓呢？郑照想到，当年楚国的官员斗谷於菟看到国家贫弱，就把自己的家产全部拿出来救助国家，自己是不是也可以这样来救助贫苦百姓呢？经过深思熟虑，他做了一个重要的决定：留下够家人自给自足的田地，卖掉千亩祖传良田的大部分，换取粮食，以拯救饥寒交迫的乡亲们。毕竟钱财乃身外之物，没有了可以再积攒，但人的生命却是无价的，因为它只有一次，因此，每一个生命都值得尊重。没有一丝心痛，近千亩田地就这样变换成了粮食。郑照带着家人和一车车粮食来到大街上，免费分发给灾民们。灾民一声接一声地“谢谢”，无不感激涕零。郑照则回以真诚的微笑，没有施恩者的高高在上，有的只是对灾民们生命的尊重和关爱。感动于郑照的义举，老百姓将郑照所居的承恩里改名为“仁义里”，以此传颂感念他的恩德。从此，郑氏的仁义家风也飘香其间。

仁义里

自从郑照毁家纾难，本来殷实的郑氏家族也家道中落。虽然经济拮据，但郑照并没有放松对子女的要求，他继承祖志，以仁义、忠孝来严格要求家人。

因此，到了郑绮主持家庭时，虽然郑氏家族已经接近一贫如洗的地步，但家风依然严谨，秉持忠孝仁义的传统。郑绮又是谁呢？他就是发出那洪亮哭声的主人公。

郑绮，字宗文，号冲素居士。他从小便乖巧懂事，喜欢读书，精通

《春秋》《穀梁传》等，曾撰写数万言的《春秋穀梁合经论》，可以说是位热爱儒家文化的雅士。哥哥郑缊在二十岁时不幸离世，面对父母丧子的悲痛欲绝，郑绮在悲伤兄长远去的同时，毅然担起管理家业、孝敬父母的责任。

那一年，从来都安分守己、坚守做人原则的父亲郑照不知因何原因得罪了权势之家，身陷囹圄，马上就要执行死刑。郑绮坚信父亲是清白的，因为父亲曾变卖田产来救助灾民，这样善良的人又怎么会触犯法律呢？他连忙来到狱中看望父亲。望着牢房中面容憔悴的父亲，郑绮眉头紧锁，眼中氤氲着雾气。无奈一扇牢门将父子相隔，此刻心中的千言万语都被这对父子的默默相望代替，因为他们心中了然，在权势面前，他们是如此的捉襟见肘。郑绮踱步于牢房外，无奈在父亲受难之时自己却无计可施。“父亲这样善良的人是绝对不会犯罪的，因为他是我的父亲，所以我相信他。可是父亲现在被判死刑了呀！难道自己真的只能眼睁睁地看着父亲离开吗？”郑绮焦急地想着、哀叹着、自言自语着，既然县令等地方官员不能为我们伸张正义，那就只能向州郡里的最高官员喊冤了。想到这儿，他突然定了定神，焦灼的目光停留在圜扉上，然后毅然决然地撞向这狱门之上。扯下一块衣襟，手指蘸着头部鲜红的血液，郑绮书写着父亲的冤情，乞求能够让自己代替父亲接受刑罚。头上的血还在滴着，他双手捧着血书，脚步凌乱却又目光坚定地来到衙门，一次次敲打着鸣冤鼓。鼓声震耳欲聋，仿佛声声都在诉说无尽的冤情，任谁听了，也不可能无动于衷。衙门的大门终于缓缓开启了。郑绮来到知州钱端礼的面前，陈述冤情，表明自己愿代父受罚。

知州，是宋代设立的官职，负责管理监督各州事务，相当于现在的市长。钱端礼，字处和，浙江临安人，是吴越王钱镠之后。《宋史》对钱端礼有较大篇幅的记载，他是一个在政治上有所建树的官员，而且他的女儿还嫁给了皇长子。这样的显赫地位，这样的名人之后，自然也是有着一定的能力和抱负的，他不会轻易被权势之家收买。同时，郑绮对父亲的孝行让钱端礼为之动容，他不禁怀疑如果郑照自己的行为不端正，怎么会有这样有孝心的儿子呢？难道其中真的有什么冤情？作为一州之长，自己虽然无法企及前人包拯"包青天"断案的雷厉风行，但也应尽自己的能力为民主持公道，这样才无愧于与包拯同处一个朝代。于是，知州钱端礼决定彻查此案，不能让好人蒙受冤屈。

在宋朝，如果犯人在被判刑后，犯人家属喊冤，那么原来的判决官员都要进行回避，由上级官员重新组织复审，将前面所有审判的程序再走一遍。因此，这是一项任务比较繁杂的事，一般情况下，除非有十分确凿的证据，上级官员是不会轻易对案件进行重审的。但是，对于郑照的案件，钱端礼还是决定重审。虽然目前因为权势之家的多方阻挠，郑绮无法呈上关键证据，但钱端礼还是相信郑照确实是被冤枉的。

于是，钱端礼一步步抽丝剥茧，经过仔细核对证人证言、证物，郑照的供词等，他终于将案件事实梳理清楚，排除了郑照的嫌疑。之后钱端礼将审讯资料移交到判决官员手中，在他的监督下，判决官员最终裁定郑照应无罪释放。

真相大白，郑绮的父亲果真是受冤入狱，钱端礼立即释放了郑照。郑绮激动地拜谢钱端礼，感谢他让父亲沉冤得雪。钱端礼微笑着说："查明案情本就是本官的责任，其实真正救了你父亲的人正是你自己啊！因为是你，本官才相信你父亲是被冤枉的。快接你的父亲回家吧！”经过牢狱之灾，郑照瞬间苍老了很多，面对舍身救自己的儿子，他发自内心地笑了，因为他感到了股股暖流，感受到了无限的安慰。大儿子早夭之痛也因此释然，得儿郑绮如此，夫复何求啊！

郑绮搀扶着父亲离去，脑海中还在思索着钱端礼的话，自己只是上书一封，真的有这么大的作用吗？望着郑绮离去的背影，钱端礼频频点头，脸上的笑意更浓，心中感慨：是你的孝心感动了我啊！

即使平凡得如一粒沙子，也有自己的色彩和感动，就如郑照的关怀之心，就如郑绮的至孝之心。历史虽然不曾以他们为坐标，但没有他们，历史也会失去一份精彩。

第三节　当泪水化成丝丝清泉

漫步在古老美丽的白麟溪畔，停歇于溪边方亭。此刻，阵阵微风拂面，萦绕耳际，伴着亭中那方清泉的甜美清新，轻轻向我们诉说着近千年的故事。而这又会是怎样一个感天动地的故事呢？

在郑氏家族中，热爱和学习儒家文化已经成为一个传统，儒家所提倡的“孝”也被郑氏人奉为圭臬。对于十月怀胎，历经千辛万苦将自己带到这个世界上，养育自己并默默无闻操持整个家庭的母亲，郑绮自然是充满了无限的敬爱之情。由于长年累月的操劳，母亲张氏的身体越来越差，郑绮时刻注意着母亲的健康状况，甚至母亲的发髻爬上了几缕银丝他都仔细观察并牢记着。他深知“树欲静而风不止，子欲养而亲不待”的道理，他也尽心侍奉着母亲，希望母亲能够健康快乐。

但上天好像没有听到郑绮诚挚的祈祷，其母张氏身患风挛而导致瘫痪，不得不长期卧床。对于一个曾经可以自由活动的人来说，瘫痪在床是可以让人绝望的一件事，张氏的心情自然跌落到低谷。看着母亲饱经风霜的脸上如今再添愁容，郑绮十分心疼。想想自己呱呱坠地之时，也是不能自由活动，母亲几乎夜不能寐，时刻要守着自己，抱着自己；一旦自己有一点病痛，母亲都会衣不解带地守在床前，焦急万分……母亲就是这样辛苦地把自己养大，从来没有抱怨过。如今的母亲不就像当初的自己一样吗？因此，郑绮决定守护瘫痪在床的母亲如抚育婴儿，喂汤侍药，事必躬亲，可谓无微不至。母亲上厕所时，郑绮也必定亲自抱送母亲，小心翼翼，生怕母亲磕碰丝毫。这也是母亲当年照顾自己时的心情吧，郑绮心里想着。就这样，在长达三十年的时间中，郑绮耐心地照看着母亲，一日不曾懈怠。而郑绮三十年如一日的坚定，也让母亲的心情逐渐好转，因为拥有这样一个孩子，让她感到安慰，感到温暖。

在这三十年中，无论母亲张氏有什么要求，郑绮都会拼尽全力满足。那年夏天，天气异常炎热，整日躺在床上的母亲更是燥热难耐，心中愈发渴望那清冽的泉水。在与郑绮聊天时，她无意之中透露出自己对泉水的渴望之情。说者无意，听者有心，郑绮牢牢地记下了母亲想喝泉水一事，决心一定要把泉水送到母亲面前，无论这有多困难，也要让母亲在这酷热的夏日感到一丝清凉。

屋外的太阳仍然用自己的热情拥抱着大地，花儿草儿早就无精打采地低下了头，溪水也不再像往日那样欢唱，只留下几处水痕证明它往日的存在。在这样干旱的日子里，泉眼自然也是滴水不出。但望着那干涸的泉眼，念着家中忍受酷暑的母亲的郑绮，并没有放弃寻找泉水。顶着头上的炎炎烈日，任凭身上汗如雨下，郑绮挖掘泉眼数尺，但始终没有出现他期盼的那一刻——泉水仍然没有喷出。因为炎热，大家或是躲在家里，或是在树下乘凉，偶尔有几个人路过，看见郑绮汗流满面地在挖泉眼，都劝他放弃，大家都认为连日来太阳高照，未曾下雨，是不可能挖出泉水的。无论谁来劝说，郑绮都没有停下挖掘的动作，但是郑绮开始担心了，这要怎么办呢？难道自己连母亲的这一点儿愿望都无法满足吗？想着想着，郑绮因心中悲伤自责而情不自禁地流下了珍贵的男儿泪。他仰天长叹，泪水一发不可收，越哭越悲痛。因为他情真意切的哭泣，连周围的鸟儿也都停止了高歌，一切事物仿佛都瞬间安静了下来。

在很多有关“孝”的故事情节中，当孝子竭尽全力为父母取物而不得时，往往会出现神奇的一刻，比如“卧冰求鲤”的故事。在《搜神记》《晋书》和《二十四孝》中都有关于此事的记载。晋朝琅琊（今山东临沂）人王祥，天性至孝。他幼年丧母，过早失去母爱，继母朱氏不但没有给他一丝母爱，而且还经常在父亲面前说他的坏话，导致可怜的他又失去了父爱。朱氏与王祥父亲另育一子，她偏爱亲生儿子，经常让王祥做打扫牛圈一类的重活，而给他吃的却是糙饭。即使继母这样对他，王祥也从来都没有抱怨过，反而对继母愈加恭谨。父母生病时，他衣不解带地照顾，必定自己先尝过药汤之后，才喂给父母，以防药汤烫到父母。有一次，正逢严冬，继母竟要在这冰天雪地之际吃新鲜的鲤鱼，可这时市场上哪有卖的呀！王祥二话没说，跑到河边，解开衣服，以自己的身体卧在冰上来求得鲤鱼。这时，他身下的冰突然化开，两条鲤鱼一跃而出，王祥兴奋地捧着鲤鱼，拿到家中孝敬继母。之后，继母又想吃烤黄雀，很多黄雀便自动飞到王祥的屋内，使他又顺利地实现了继母的愿望。大家都惊叹发生在王祥身上的神奇事件，认为是他的孝行感动了上天，才能感召到鲤鱼、黄雀来解救他的困境。

王祥的举动，也被乡里所称赞，大家都认为人间难得有王祥这样的孝子。有人作诗“继母人间有，王祥天下无；至今河水上，留得卧冰模”来赞颂王祥。而王祥“卧冰求鲤”的那条河，也被称为“孝感河”。

同王祥的故事相比，以郑绮为主人公的故事也是充满了神奇色彩。

不知郑绮哭了多久，只知道那时有人回忆说这样悲恸的哭声曾三天三夜不止。世界寂静得仿佛就剩下了郑绮的哭声。俗话说“不在沉默中爆发，就在沉默中灭亡”，在这静谧时分，就是见证奇迹的一刻！泉眼突然爆发出清澈甘甜的泉水，倾泻数里，甘美如清酒，散发出阵阵清香，看到这一景象的人无不瞠目结舌，叫喊着他人一起来观看，并兴高采烈地品尝起泉水来。郑绮更是喜极而泣，捧着泉水亲自喂给病床上的母亲。清泉入口，母亲张氏立刻感受到心底的凉爽，脸上露出惬意的神情。看着母亲一口口喝下泉水，郑绮满足地笑了。世人以为这是郑绮的孝举感动了上天，泉水才被郑绮感召而出，因此把郑绮所挖掘的泉称为“孝感泉”。

这就是当今浦江白麟溪旁的孝感泉。后人又在此泉上立碑筑亭，希望用这充满深情的泉水养育子孙，让孝举代代相传。黛瓦粉墙，古朴风雅，又给孝感泉平添了几分意蕴。其间醒目的“孝感泉”三字，为明代永乐年间（1403—1424）蜀献王朱椿所书。朱椿是明太祖朱元璋第十一子，据《明史》记载，他天性孝悌友善，虽贵为王，却淡泊名利，喜欢读书和做学问，举止雍容淡雅，别有一番文人气息，在贵族中显得遗世而独立。他

孝感泉

在四川时，曾兴郡学，资助清苦学者，并经常到峨眉山佛教圣地驻足，以自己文人的气质温和地治理巴蜀之地，获称“蜀秀才”。这样一位有着高贵地位，又有着深厚文学素养的人，为孝感泉题字，可见郑绮至孝之举流传甚广，得到了世人的认可和传颂。

孝感泉方亭的柱上有一联曰：“千古风流麟溪水，一泓懿范孝感泉。”孝感泉对于郑氏家族来说，是“孝之源”，有着重要的意义，因为它开启了郑氏家族之后长达300年的以孝治家的历史。一方清泉，养育郑氏代代族人，直到2006年郑宅镇通自来水后，才停止饮用。而一个井亭也装载了一个故事，默默孕育了郑氏的孝文化。今浙江诗人徐元也为其作诗《孝感泉》：“卧冰求鲤世称奇，孝感泉涌人不疑。留得一泓思义在，清心胜过白麟溪。”汩汩清泉，从古流到今，滋润了先祖，亦浸润了后人。

“白麟之溪，其流泱泱，君子之泽，与之具长”！

吸引人的故事总是有那么一点神奇之处，哭泣三个昼夜而泉水突现是一件充满神奇的事情，它更像是个传说。虽然传说终究是传说，它有夸张想象的成分，但也有事实和人物原型。当传说褪去神秘的面纱，留下的是丝丝甘泉，沁人心脾。不管是卧冰求鲤，还是郑绮掘泉的故事有多少真实的成分，不管他们孝的方式正确与否，都不值得我们过分深究，因为每一个时代有每个时代做事的原则和规范，故事所传达的意义才是需要我们关注的重点。

百善孝为先，孝是一种真情，是子女对父母的敬爱之心。父母是与我们最亲近的人，如果对待父母不能尽心尽意，何谈对待朋友，对待他人？因此，孝是做人为善的第一步，也是获得他人认可的第一步。郑绮的孝贵在至真，贵在至诚，贵在至情，就像那一泓清泉，透明、甘甜、清新，感动了上天，润泽了我们的心灵。

第四节　郑绮选妻记

女性虽然很少成为历史的主角，但历史的前进却无法忽视女性所扮演的角色。无论是“一骑红尘妃子笑”的杨贵妃，还是辅佐顺治、康熙的孝庄，她们或倾国或立国，无论好与坏，都在男人的世界中发挥了重要的作用。

就如香港首富李嘉诚，众人皆知他富可敌国，却很少有人知道在他从清贫走向成功的路上，背后有一个不可或缺的女人。李嘉诚于1928年生于一个名门望族之中，但在他父亲一辈时，由于日军侵华，时局动荡，一家逃荒失业，家道中落。经过慎重思考，他的父亲李云经决定带领一家迁往香港，投靠妻子的弟弟庄静庵。也正是这一决定，奠定了李嘉诚之后的一生，也让李嘉诚找到了结发妻子庄月明。

庄月明是李嘉诚舅舅的女儿，年幼的李嘉诚随父母到达香港后，寄居在舅舅家，与庄月明可谓青梅竹马。庄静庵在香港经商，生活比较富裕，因此作为掌上明珠的庄月明自小便过着如公主般的生活，但庄月明却没有瞧不起李嘉诚这个“穷小子”。在她的帮助下，李嘉诚很快学会了一口流利的广东话，英语水平也逐渐提高。就在这一来一往中，两人也产生了纯真的爱情。但舅舅庄静庵却不同意二人交往，认为两人门不当、户不对。为了能够配上表妹，李嘉诚努力地创业，而庄月明亦不顾家人反对，对李嘉诚不离不弃。长大后的庄月明虽然到日本留学，但还时时刻刻不忘关注李嘉诚的状况，在李嘉诚创业遇到困难时，庄月明总是及时鼓励他、支持他；在结婚后，高学历的庄月明用自己的知识来协助李嘉诚发展公司；在公司走上正轨后，庄月明又退居幕后，专心相夫教子……可以说李嘉诚的一步步成功，离不开妻子庄月明的支持和付出。如今，庄月明已去世多年，李嘉诚仍然住在结婚那年自己送给妻子的花园洋房中，守候着两人间深厚的情谊。

说庄月明成就了李嘉诚，或许有些夸张，但李嘉诚的成功，却不能没有庄月明。二人的爱情故事也证明了一点：每一个成功的男人背后，都有一个伟大的女人。

因此，每一部剧集，每一个故事，每一个男人的成就，若是离开了女性，都不会完整。尤其在郑氏这样的大家族中，一扇大宅门不知道掩藏了多少爱恨情仇，其中是否也存在另一个“庄月明”？缓缓打开郑宅的大门，时光带我们来到了郑绮生活的时代，那我们就来探究一下郑绮的爱情故事。

郑绮虽然不是一代君主，也不是什么风流才子，更不是商业巨贾，并没有让人们在茶余饭后津津乐道的传奇爱情，因为相对于这些人，郑绮的爱情过于平淡。但在他相对平淡的爱情中，也有一个属于他的“庄月明”。说起来，郑绮和李嘉诚在某些方面很相像，郑绮也是生于大户人家，只是他的父亲郑照为救灾民而卖田千亩，导致家道中落。因此，郑绮也担负着重振家门的重担。而作为郑绮的妻子，必然也要能够与他同风雨、共患难。只不过郑绮的妻子为他成就的不是商业神话，而是孝义之风。

为人妻难，为郑绮的妻子更难。郑绮想要找到自己的“庄月明”，着实费了一番功夫。因为他曾先后休了两个妻子。

从西周开始，就有“七出三不去”来规定婚姻关系。而解除婚姻关系的决定权在男子手中，称为“出妻”或“休妻”。从唐代开始，将其正式纳入法律。但妻子不是随意就可以休的，周礼规定，丈夫有七条理由可以休妻，因此叫“七出”。这七条分别为：不事父母姑舅，指妻子不孝顺丈夫的父母长辈；无子，指妻子过了五十岁仍然生不出儿子；淫，指妻子与丈夫之外的男性发生了关系；口舌，指妻子太多话或说别人闲话，拨弄是非，离间亲属；盗窃，即偷东西；妒忌，指妻子好嫉妒，更多是认为妻子对丈夫纳妾的妒忌有害于家族的延续；恶疾，指妻子患有严重的疾病，一般指耳聋、眼瞎、腿残疾等严重病症。

而“三不去”是指妻子符合其中一条情况，丈夫就不能休妻。这三种情况为：结婚时女方父母健在，休妻时已去世，原来的大家庭已不存在，休妻等于是使妻子无家可归；第二，妻子曾和丈夫一起为父亲或母亲守孝三年的，不能被休；第三，丈夫娶妻的时候贫贱，后来富贵了也不能休妻。但如果妻子符合“七出”中“淫”“恶疾”任意一项，都不会受到“三不去”的保护。

实际上，妻子符合“七出”中一项，丈夫便可以休妻。那么，郑绮休妻又是为哪般呢？在我们通常的印象中，丈夫对结发妻子都有深厚的感情，能够容忍她们的一些过错，但是郑绮还是毅然休掉了结发妻子丁氏。因为丁氏在侍奉姑婆时，稍微怠慢懒惰，而“不孝顺父母”排在“七出”之首，这在生性至孝的郑绮看来，是一件不可容忍的事。所以，他还是忍痛抛弃了结发之情，休了妻子丁氏。

在丁氏哭着离去后，郑绮家里少了位持家的女主人，于是，郑绮又娶阮氏为妻，怎奈这位妻子又没有逃脱被休的命运。而且，阮氏被休的原因还是因为家庭关系。阮氏为郑绮诞下一子后，可能有了“母以子为贵”的想法，变得有些傲慢。一直秉持孝悌恭顺原则治家的郑绮，一直希望家族内部能关系融洽，因为这样才能团结家人力量，壮大自己的家族。如今自己妻子的心胸竟然如此狭隘，造成家族内部不能和睦相处，这样的妻子再次触犯了郑绮的底线。因此，郑绮以“七出”之名再次休掉第二任妻子。阮氏如丁氏一样，哭泣离家。

郑绮又一次为维护家族孝义，而放弃了个人感情。看来作为郑绮的妻子，需要有无限大的胸怀，不能立足个人情感利益，要无条件地支持郑绮的治家之道。郑绮的下一任妻子会是这样的人吗？她能打破“魔咒”，不被休掉吗？

傅氏，在阮氏离开郑宅后，进入了郑绮的世界。傅氏是一位十分纯朴的女性，不在乎郑绮家的清贫。嫁给郑绮后，她从不讲究华丽的衣着，虽着粗布素衣，却多了一份清新之美。她与郑绮相互扶持，相夫教子，将家内打理得井井有条，展现了古代女子的贤良淑德之美。而让郑绮对她更满意的是，在郑绮推行家族的孝义之风时，傅氏能够坚定地支持他。

郑绮的祖辈是从浙江遂安迁到浦江的，因此遂安算是他的家乡。一天，他看见有位遂安的老乡衣衫褴褛，端着碗在街道上乞讨。他的心被这一景象所触动，老乡沦落到这种地步，他不能放任不管，否则自己于心不忍。于是，郑绮搀扶着老乡来到自己的家里。但郑绮自己家也几乎入不敷出，要怎么帮助这位老乡呢？望着端来茶水的妻子傅氏，他做了一个决定。趁着老乡休息之际，他把妻子叫到一边，希望妻子能够卖掉发簪和耳饰，为老乡裁制一身衣服。傅氏没有抱怨一丝一毫，便立刻摘下了身上的首饰，拿去典当，为郑绮的老乡置办了一套得体的衣服，剩下的钱也交给他解燃眉之急。不过这一时的帮助，终归不是长久之计，“授之以鱼不如授之以渔”，郑绮又割让家中土地给这位老乡，让他以后能够自给自足。

郑绮终于找到了自己的“庄月明”，她就是傅氏。傅氏能够与他相濡以沫，能够以家族大局为重，能够无条件地支持他，这让郑绮对这位妻子十分满意。很可惜，数年后，默默付出的傅氏，因病去世，没能陪郑绮走完一生。傅氏去世时，郑绮万分悲痛，回忆起妻子为这个家、为自己所付出的点点滴滴，顿时间充满了无限的感激之情。

从郑绮选妻的故事中，看得出郑绮十分注重妻子的操守品性。这是因为，郑绮自己就是一个非常讲究伦理道德的人。傅氏去世后，郑绮没有再从外面另找妻子人选，因为得妻如傅氏真的很难得。看重妻子品性的他，想着如果是自己熟悉的人，必定可以了解她的真实品性，若是自己看着长大的，就更加可靠了。因此，郑绮决定从身边寻找人选，自己来培养未来的妻子。

家中九岁的女奴成了这一人选，但对方年龄尚小，郑绮坚持在其长大成人后，才将她娶进门。这一等，便是十二年。虽然这个女奴没有选择的余地，注定要嫁给郑绮，但在这十二年中，郑绮始终坚持自己的操守，只是尽力抚养其长大，没有一点逾矩行为。同时，他也用这十二年的时间，来怀念亡妻，因为郑绮一直认为，遇到傅氏，是他的幸运。

之所以说做郑绮妻更难，是因为郑绮所坚持的孝义不容许有一丝挑战。作为他的妻子，若是没有一定的度量和胸襟，没有牺牲自我的精神，是无法达到郑绮的要求的。一言以蔽之，郑绮要求妻子要像自己一样，任何事都要以孝义为准绳。

在我们看来，郑绮休妻，未免有些无情无义，但在郑绮所处的时代，他的做法是无可诟病的。所以，我们暂且不论郑绮休妻对妻子造成的伤害，只看看选妻过程中郑绮性格特点的体现。

前两任妻子因为违背孝义而被郑绮休出家门，而傅氏因为义无反顾地支持郑绮的孝义而得到他的认可。俗话说“物以类聚，人以群分”，从郑绮所选妻子的品性中，我们就能看出郑绮是一个什么样的人。推崇孝义，就是他的做人准则。

若是蝴蝶，自然要群蝶共舞，才能绽放美丽；若是鲜花，自然要百花齐放，才能散发芳香。郑绮是孝义之人，选妻自然要选孝义妻，才能开启家族的孝义风！

第五节　不能承受的馈赠

梅花之所以“凌寒独自开”，是因为“宝剑锋从磨砺出，梅花香自苦寒来”。只有靠自己走自己的路，不畏惧艰难，才能傲然开放，才能清香满乾坤，才能赢得他人的尊重。

今天，要不要对在街头、地铁等地方乞讨的人进行捐助，成为一个令人苦恼的问题。因为很多身体健全、甚至家庭富裕的人，常常在乞讨者中鱼目混珠，把人们的好心当成他们获利的工具。因此，面对这些乞讨的人，人们往往避之而行，不是因为冷漠，而是不能助长他们的贪婪和无耻。但是，在街头、地铁上的另一群人却赢得了人们的尊重。他们是为挣家用，卖鞋垫的老奶奶；是为筹钱治病，卖小吃的大叔；是为养活自己，卖手工艺品的残疾人……这些人，都是真正有困难的人，但他们不愿意白白接受他人的帮助，只想凭借自己的劳动换取相应的酬劳。他们人穷志不穷，获得了人们的尊重，这是因为他们自强、自立、自尊。这其中最为我们熟知的，莫过于2005感动中国人物洪战辉了。

对他的颁奖词是这样说的："当他还是一个孩子的时候，就对另一个更弱小的孩子担起了责任，就要撑起困境中的家庭，就要学会友善、勇敢和坚强，生活让他过早地开始收获，他由此从男孩开始变成了苦难打不倒的男子汉，在贫困中求学，在艰辛中自强，今天文弱，但是在精神上，他从来是强者。"在颁奖礼上，他送给值得当今年轻人铭记的一句话："苦难的经历并不是我们博得别人同情的资本，奋斗才是最重要的。"

因为自强，洪战辉成为当今时代的偶像。而在距今几百年前的宋代，也有一位那个时代的自强偶像，他就是郑绮。

伟大的教育家苏霍姆林斯基曾说过："人类有许多高尚的品格，但有一种高尚的品格是人性的顶峰，这就是个人的自尊心。"一个有自尊心的人，即使再穷困，也要自强、自立，不受无名之食。郑绮就是这样一个"穷且益坚，不坠青云之志"的人。

郑照毁家纾难，导致郑绮这一辈时家中清贫，勉强度日。一家人身上洗得发白的衣服，已经记不起是哪年买的；有时甚至吃了这顿，还不知下一顿在哪里。不过，即使这样，郑绮还是坚持在家族内外推行孝义，就如他"呼妻卖簪珥"、割田地给遂安老乡。因此，即使家道中落，郑氏家族的名声却没有随之湮没。在浙江省浦江县，郑氏家族仍旧颇有名望。有一位姓黄的大户之人，听闻郑绮的事迹，对郑绮的敬意油然而生。这样的孝义之人，怎么忍心看他过得如此窘迫？既然自己有能力，何不资助郑氏？与郑绮这样的人成为朋友，何乐而不为！于是，这位黄姓人带着金银，前往郑宅，想要将其赠送给郑绮。

有朋自远方来，不亦乐乎。面对来客，郑绮自然是热情招待，黄姓人也兴奋地与郑绮聊起来。同是崇尚孝义的儒家文化爱好者，二人真是有种相见恨晚的感觉，从先秦诸子聊到宋代的理学家，不知不觉一杯热茶已经变凉。此时，黄姓人想起了此次拜访郑绮的目的，他拿出金银，欲赠送给郑绮。但面对眼前的金银，郑绮并没有露出一丝渴望之情。没错，如果有了这些钱，一家人就都可以换上一套新衣服了；如果有了这些钱，一家人也可以吃上一顿久违的肉了。郑绮却顿时变得严肃起来，毅然回绝了黄姓人的馈赠。黄姓人劝说道："钱对我来说不是珍贵的东西，却能解决你现在的困境。我们既然已经成为朋友，又志同道合，能够帮到你是我的荣幸，你不必对此有负担……"但不管黄姓人怎样劝说，郑绮依然毫不动摇，坚持不接受这些钱。

郑绮庄重地开口说："郑绮真的是却之不恭，受之有愧呀！很感谢你愿意帮助我，但自己必须坚持做人的原则，宁可饿死，也要靠自己的力气吃饭，不能白白拿他人的东西！虽然我现在穷困，但我不能让自己的人格道德也随之穷困。饭可以少吃一顿，但道德和尊严却不可以少。"听到郑绮这样说，黄姓人立刻收回了馈赠之物，对郑绮的敬意更加浓烈了，由衷地感慨道："郑氏家族有如此高义之人治家，以后必定不可小觑啊！"带着无限的敬意，黄姓人离开了郑宅。

有些关于郑绮的文章中提到，传说黄姓人就是大名鼎鼎的经学家黄宗羲，这很显然是个错误的说法。黄宗羲确实是浙江人，不过他是明末清初之人，而郑绮却是南宋人，两人明显不是同一个时代的人。据《黄氏族谱》记载，在宋代的浙江省浦江县确实有黄姓一族，这一族是二十四孝中“扇枕温衾”故事的主人公黄香的后裔。黄香幼年丧母，与父亲相依为命的他，对待父亲极为孝顺。炎热的夏天，在父亲上床前他用扇子将席子扇凉；在寒冷的冬天，他先钻进被窝温热被子，再让父亲休息。乡人无不称赞他的孝行。他长大后任太守一职，所任之地遭受水灾，他又倾其所有赈济灾民。因此，黄香也是一个孝义之人，他的后代必定也是推崇孝义之人。从这一记载来看，这一黄姓人，更有可能是黄香在浦江的后代。

唐代李咸用有诗云：“眼前多少难甘事，自古男儿当自强。”无论黄姓人是谁，我们可以肯定的是，郑绮是一个不随便受人钱财，自强、自立、自尊的好男儿。别人可以帮得了一时，却帮不了一世，只有自己真正强大，才能获得长久的发展。因此，一个自强自立的人，可以获得人们的尊敬，最终也必将获得成功。

“天行健，君子以自强不息；地势坤，君子以厚德载物。”这用在郑绮身上，再合适不过。黄姓人的馈赠，是郑绮所不能承受的。这不仅是自己的尊严问题，更是要为子孙后代树立榜样。郑绮以身作则，警诫后人要自强自立，遵守做人的道德规范。郑氏家族何以壮大？正是郑绮的德义，为家族的发展奠定了坚实的基础和风范。

清贫的郑宅，因郑绮的自强不息而德香满院。

第六节 牛角上的书

东方刚刚露出鱼肚白，几声鸡鸣随之而起，郑宅的门就被推开了。只见一人头戴草帽，肩扛锄头，身挂布袋，手牵黄牛，精神抖擞地走出了郑宅。这个人是谁呢？

他就是郑绮。呼吸着早晨清新的空气，郑绮牵着耕牛来到了田地里，准备开始一天的劳作。他先将耒耜套在牛的身上，又小心翼翼地拿下身上的布袋，将其挂在了牛角上，以防它被汗水浸湿。一切准备就绪后，郑绮便赶着黄牛耕起地来。只见黄牛在前，郑绮在后，哈腰躬身扶着耒耜，时不时调整一下耒耜的位置，动作一气呵成，与黄牛配合得更是天衣无缝。这样看起来，郑绮可以称得上是一位成熟老练的农民。

转眼间，已经耕过一大片田地，耕牛的脚步越来越慢，郑绮也已经汗流浃背。放下手中的耒耜，郑绮将黄牛赶到田边，爱抚地摸了摸它，黄牛便老老实实地休息起来。这时，郑绮拍拍双手，走向牛角上的布袋，欲伸手取出里面的东西。

第一次跟随爷爷耕作的小孩儿从来到田间起，就注意到了这牛角上挂的布袋，这里面会是什么呢？他真的是特别好奇。看着郑绮马上就要把布袋中的东西拿出来，他更是睁大眼睛瞧着。真相揭晓，原来是一本书，小孩儿的心里更加奇怪了，为什么要在里面放本书呢？为什么不放吃的或者玩的？他将心中的疑问告诉了自己的爷爷。老爷爷慈祥地笑了，他语重心长地对孙子说："郑绮可不是一般的农民，他在牛角上挂书，其中可是有故事的。这还是我有幸听到别人的讲解，今天，我把这个故事讲给你听，好不好？"有故事听，小孩子当然是兴奋得不得了，赶紧安静地坐下来，等待爷爷的讲述：

有句成语叫作"牛角挂书"，用来形容这样的郑绮，真是再合适不过。而"牛角挂书"的成语，源于隋唐李密的故事。李密是隋唐时期群雄之一，也是《隋唐英雄传》中不可或缺的一个角色。他曾凭借自己的智勇，成为瓦岗寨的首领，屡次战胜隋军，名扬天下。但后来却居功自傲，杀害了瓦岗贤良，造成内部军心动摇，导致大名鼎鼎的瓦岗寨分崩离析。投降李唐后，他又心生叛意，最后被唐将斩杀。在隋唐英雄中，这样一个人物形象其实是有些令人讨厌的，但是，他也有令人欣赏的一面，那就是牛角挂书的故事。

李密之所以能成为瓦岗首领，是因为他确实有真才实学。他从小便发奋读书，决心做一个有学问的人。上进心很强的他，打听到在缑（gōu）山有一位名士包恺，就打算前去向他求学。他用蒲草编成坐垫，放在牛背上，又将一部《汉书》挂在牛角上，便骑着牛出发了。李密不想浪费任何读书的机会，他一边赶路，一边拿起牛角上的书认真读起来。当时的隋朝越国公杨素看见这个在牛背上读书的青年，心生赞叹，便慢慢地跟在李密后面，问道："你是哪里来的书生，竟这般刻苦读书？"李密回头一看，认出了杨素，赶紧从牛背上下来，参拜作揖，并报上自己的名字。杨素又问他读的是什么，李密回答说："是《项羽传》。"杨素欣赏他勤奋读书的精神，便和李密交谈了一阵儿才离去。回家以后，杨素还向自己的儿子杨玄感推荐李密，说："李密是一个有抱负的年轻人，他的学识、才能有过人之处，是你所不能比的，以后你可找他为自己出谋划策。"而李密也因此结识杨玄感，在隋唐英雄之争的历史中留下了浓墨重彩的一笔。

"牛角挂书"这一成语，因此诞生，用来比喻勤奋读书。而郑绮与古人相比，其刻苦程度有过之而无不及。故事讲完，老爷爷用充满期待的眼光望向了自己的孙儿，小孩子心领神会，响亮地宣誓："我会向他们学习，以后一定刻苦读书！"老人欣慰地笑了。

在老人讲故事的同时，郑绮趁着休息的片刻，席地而坐，翻开手中的书，开始全神贯注地读起来。休息好了，便放下书，继续耕作。就这样耕地、休息、读书交错，不知不觉太阳已经下山，月亮又悄悄爬上了天空。郑绮收拾好书卷，扛起锄头，牵起黄牛踏上了归家的田间小路。此情此景，真的有陶渊明"晨兴理荒秽，戴月荷锄归"的惬意之情。

回到家，妻子早已准备好晚餐，一家人正等待郑绮一起吃饭。烛灯闪烁，一家人围坐桌旁，其乐融融。虽然是粗茶淡饭，却比山珍海味更美味。田园耕种，以书为友，与世无争，安贫乐道，家庭和睦，问世间惬意为何物，直教人沉浸于此！

饭后，郑绮不愿浪费一分一秒能够读书的时间，又开始捧起书卷，秉烛夜读。一阵阵翻书的声音和蟋蟀的叫声此起彼伏，演奏成一首动听的乐章。夜色如水，书香为伴，这样的环境，陶冶人的心性，让郑绮身上又增添了浓浓的文人气质。

书山有路勤为径，学海无涯苦作舟。郑绮读书如此认真刻苦，堪比囊萤映雪的车胤和孙康。但他却从未想过以此考取功名，也许一方面，他想像陶渊明一样过着“采菊东篱下，悠然见南山”的潇洒生活，淡泊名利，远离官场纷争，醉情山野间。而另一方面，郑绮心中其实酝酿着一个远大的抱负和志向，就是耕读传家。

耕读是中国古代一些知识分子半耕半读的生活方式，以“耕读传家”、耕读结合为价值取向，形成了一种“耕读文化”。东汉时期，就出现了以“耕”喻“学”的“耕学”之说，比喻耕耘学问如耕耘土地一般辛苦。魏晋南北朝时期，很多读书人为逃避世间纷扰，便归隐山林，过起与世无争的生活，陶渊明就是“归园田居”的典型。隋唐时期，充满人文气息的耕读生活成为知识群体中一种流行的生活方式。在知识分子的眼中，耕读隐居生活就如兰花般清雅，大家都以此表达自己安贫乐道的志向和节操。

到了郑绮所生活的宋朝时期，耕读文化被进一步推广。北宋仁宗皇帝颁布的科举政策中，包括士子必须在本乡读书应试，工商业者及其子弟不得应试，只有士、农子弟可参加科举等条目。这些政策，大大强化了“耕读文化”的功利性，耕读生活成为殷实之家的追求，并成为像郑氏等一些处于社会较低层次的家族奋斗的途径，以提升家族社会层次。另外，江南一直被人认为是出文人才子之地，尤其是杭州成为南宋都城之后，江浙一带文化进一步发展，读书氛围更重。同时，浙江在地理上自古就有“七山一水二分田”之说，优越的地理环境，十分适合耕种。因此，在得天独厚的政治和地理环境下，江浙一带耕读文化相对更加浓厚。宋朝著名词人辛弃疾认为，“人生在勤，当以力田为先”，所以他把自己带湖的庄园取名为“稼轩”，并以此自号“稼轩居士”。

正在努力持家度日的郑绮，虽然此时还是一个默默无闻的角色，但他并没有忽视耕读这一文化趋势，况且读书一直是郑氏家族的传统，而耕作也是他目前唯一能指望的经济来源和希望。因为，对于郑绮来说，虽然家道中落，但庆幸郑氏家族还有土地可以辛勤耕耘。只要肯吃苦，不懒惰，依靠土地慢慢积攒家财，这星星之火便可以燎原。作为农业国家，土地养育了中国人，是中国人的根本。只要还有土地，人们就可以生存下去。

所以，辛勤耕种是郑绮养家的谋生手段，也是为郑氏家族振兴奠定基础；同时，尽管劳作辛苦，郑绮也没有放弃祖先学习儒家文化的传统，他认为即使再贫穷，也不能没有道德知识，而且读书是进入仕途的唯一途径。郑绮以勤耕苦读作为立家之道，以此教育子孙后代无论在何时都不能荒废了耕种，荒废了读书，只有勤耕苦读，家族才能获得长远的发展。

一介布衣，一位文人，两种角色浑然一体地集中在郑绮的身上。他坚持不懈地勤耕苦读，只为以身作则，为郑氏家族的繁衍兴盛打下坚实的基础。他也向我们完美地诠释了中国古人的耕读文化。不得不说，郑绮是一位脚踏实地、目光远大的当家人。因为郑绮的耕读传家，郑氏家族的兴盛也指日可待。

带着一份希望，带着一份洒脱，挂书牛角，郑绮为我们描绘了一幅恬静的画面，也为郑氏家族耕耘了春日的土地，只等未来生机盎然。

第七节　最后的嘱托

风萧萧兮，吹寒了白麟溪水，吹舞了漫天黄叶。枯叶落地，轻轻诉说自己一生的经历，便化身为土，孕育新的希望，灵魂也得以延续。

对于中国人来说，新的希望在哪里？那便是家。中国人有很强的家庭观念，因为家一直是中国人的核心组织，一个人最基本的意义与价值，就是在家庭中的角色，就是对家族的延续。而一个人从家中所获得的，不仅有政治、经济上的支持，更重要的是对家庭情感、家庭风气、家庭价值观等无形财富的继承。“授之以鱼，不如授之以渔”，长辈们的嘱托要比客观物质财富珍贵得多，因为这是他们自己多年人生阅历的精华，其中的意味深长，值得我们体会一生，行之一生，并可以代代相传。

不同的家有不同的文化，通过家庭教育，传承家族精神财富，一个家族的核心灵魂便可以得到永续的发展，而长辈们的宝贵经验，也为家族逐渐壮大提供了方法。对于郑绮来说，清贫一生的他能够留给子孙后代的，也真的只有自己的人生经验和治家之道这些精神财富了。当他的年龄逐渐增长，郑绮也时常回顾自己的一生，他没有碌碌无为，没有虚度年华，也没有为人卑劣，可以说，他把自己整个的生命和全部的精力献给了郑氏家族的发展。正像《钢铁是怎样炼成的》中所说：“人的一生应当这样度过：当他回首往事的时候，不会因为碌碌无为、虚度年华而悔恨，也不会因为为人卑劣、生活庸俗而愧疚。”

漫漫人生路，从风华正茂，到年老体衰，为自己人生做总结的时刻也终于到来了。一日清晨，七十多岁的郑绮从睡梦中醒来，一种看尽人世沧桑的感觉袭上心头。都说人在去世前，能够感觉到自己即将离去，此时的郑绮就有这种感觉。虽然人都有生老病死，郑绮也早就做好了心理准备，可这一刻要来临时，心中还是有万千的不舍和牵挂。不舍的是再也看不到自己可爱的亲人们，也看不到郑氏家族振兴的那一天。牵挂的是郑氏家族还未兴盛，不知子孙后代能否秉承郑氏家风，耕读传家，壮大郑氏门楣。但该面对的，始终是无法逃避的，郑绮决定召开家族大会，将自己的希望和牵挂嘱托给儿孙，也将自己的人生经验传授给他们。

这应该是自己能够主持的最后一个家族聚会了，郑绮苦思冥想，如何才能给子孙们留下一个深刻的印象，从而永远铭记呢？思索片刻，郑绮嘴角上扬，面露微笑，因为他想起了“岳母刺字”的故事。

北宋末年，北方的金、辽南侵，宋朝的当权者又腐败无能，屡屡败退。在国家生死存亡的关头，十几岁的岳飞投身军营，抗金杀辽。谁料到，岳飞投军不久后，却收到了父亲去世的消息，他只能退伍返家，为父守孝。几年后，金兵大举进军中原，守孝结束的岳飞再次萌发投军的愿望。临行前，母亲将岳飞叫到面前，问："如今奸臣当道，外敌入侵，你以后应如何作为？"岳飞脱口而出"精忠报国"四个字，声音铿锵有力。岳母满意地点点头，决定将这四个字刻于岳飞的背上，让他永远记住自己曾经的誓言。岳飞毅然解开上衣，跪地挺背，请母亲刻字。一针针下去，岳飞一声没吭，想要将这些痛化成日后抗金的力量。刺完之后，岳母又在字上涂了醋墨，从此，"精忠报国"四个字就永不褪色地留在了岳飞的后背上。母亲刺字的举动鼓舞激励着岳飞，岳飞投军后，铭记"精忠报国"的誓言，英勇善战，忠君报国，后来成为著名的抗金英雄，受历代人民敬仰。

"岳母刺字"的故事启发了郑绮，郑绮决定效仿"岳母刺字"，以歃血盟誓来教育后代，让痛和鲜血使子孙铭记自己的嘱托。于是，自感将不久于人世的郑绮，将郑氏家族所有人都召集到了宗祠之内，自己则正襟危坐于族人面前，开始了一场严肃的家庭教育。一位老者低沉的声音在肃静的祠堂中响起："郑氏家族，一直以孝义治家，自从我当家以来，我也继承了先祖的传统，推崇孝义，耕读传家。如今，我已年老，不能再为郑氏家族的发展尽心尽力。未能给郑氏家族留下殷实的家产，我很惭愧，但我想将我穷尽一生所参悟的经验和治家之道传授给你们，作为我对你们最后的嘱托。拿酒来！"

只见郑绮拿起早已准备好的刀，快速割破手指，将血滴入酒内。他捧起这碗酒，说道："希望郑氏子孙牢记，以孝义治家，耕读传家，父慈子孝，兄友弟恭，相互扶持，共用家财，永不分家！"说完，便自己先喝了一口，然后族人依次传递，共同饮尽这滴了郑绮鲜血的酒。饮毕，郑绮率领族人一起对天发誓："我们的子孙后代若有不孝、不悌，不共同积攒、使用钱财，不共用伙食者，必遭到上天的惩罚！”洪亮的誓言回响在寂静的祠堂中，经久不绝。族人对誓言的记忆也如郑绮的鲜血一样，鲜明地存在于每一个人的心中。这一刻，如此悲壮，将士出征前的饮酒送行也不过如此！

著名诗人陆游曾在临终前赋诗《示儿》：“死去元知万事空，但悲不见九州同。王师北定中原日，家祭无忘告乃翁。”临终前，陆游还没有看到祖国的统一，心有挂念，希望祖国统一的那一天，子孙在祭奠自己时，能够告诉自己一声。对于郑绮来说，心中的挂念是一样的深切，虽然不是对于国的，却是对于家的。歃血盟誓不久后，郑绮便如自己预料的那样倒下了，弥留之际，他也嘱咐子孙，郑氏家族同居共食、壮大兴旺的那一天，别忘了告诉自己一声。

从此，郑氏子孙遵从郑绮的遗言，世世同居，共财聚食。也正是郑绮这一声临终嘱托，正式开启了郑氏家族孝义治家的家风，并让他的后代们创造了令人赞叹的奇迹：十五世同居，历经宋、元、明三个王朝，长达三百多年的义门同居的历史。

事实上，义门同居在中国古代，是许多大家族的治家方式。“同居”特指聚族而居，同一个宗族，共用家产、共同生活。同居的家族，是团结和睦、家产丰富的象征，得到世人的称赞，官府也非常提倡并给予表彰，颁发门匾，称为“义门”。而“义”是以“孝”为核心的。儒家经典《中庸》中认为，想要成为一个君子，要从小、从近做起，即从自己、从周围做起，我们的近处就是自己，就是父母、妻子、兄弟姐妹等家人。只有对父母孝顺，与兄弟姐妹团结友爱，才能善待同宗同族。“顺乎亲有道”，才能“信乎朋友有道”，才能“获乎上有道”。因此，推而广之，只有行孝之人，才会是忠义之人，才能忠君报国，国家也能因此安定、繁荣。一个国家就是由一个个小家组成，小家是否孝义，与国家政治稳定密切相关。自汉代以来，朝廷便开始奉行“以孝治天下”的准则。从南朝宋齐王朝开始，出现了旌表累世同居的大家庭为“义门”的现象，并将义门奉为社会典范。

同居共食的生活方式，起到安定一方政治、经济的作用，因为这一原因，历代统治者都非常重视对“同居”典范的表彰。若是某一家族获得“义门”美称，该家族在政治、经济上将获得诸多特殊待遇，比如免除赋税杂役等，其社会地位也会有极大提高。所以，“义门”的荣誉与所获得的特殊待遇产生了很大的影响力，从而对整个社会风习和生活方式产生了影响。

由于唐末农民战争，以及五代十国的战乱，导致宋朝建立后宗族组织崩溃，宗法关系松懈。为了稳定家族发展，人们企图通过同居共食来发展家族；而统治者也希望通过基层自治，以维护秩序，巩固统治。因此，郑绮以孝义治家的原则，是有着广阔的时代背景的。他将同居共食作为遗嘱，正式将其作为郑氏家族发展的目标，也符合时代发展的大趋势。

郑氏家族即将从郑绮这一代的家道中落，逐渐壮大，成为历史上有名的“义门”家族。而郑绮也被后人称为义门同居一世祖。郑氏家族从此翻开历史新篇章，一个个“义门”故事也即将上演。

郑绮就这样将自己的临终嘱托化成郑氏家族前进的营养。一个家族的崛起，正在酝酿之中，只等郑氏孝义的家风吹暖白麟溪水，再绿江南岸。

第二章

九世同居，三朝恩宠

郑氏家族从先祖郑绮生活的时代，开始了同居生活，到了明代前期九世同居时，达到了家族发展的鼎盛，更创造了中国家族发展史上的奇迹：同居人数达千人，更获得了宋、元、明三朝旌表。其荣耀光鲜背后，却也是暗潮汹涌，麻烦不断。但看郑氏家族如何因“孝义”化解一次次危机。

第一节 没有规矩，不成方圆

溪水潺潺，沿着自己的河道川流不息，若是溢出了河道，就有泛滥成灾的危险；星河灿烂，沿着自己的轨道亘古轮转，若是偏转了轨道，就有相撞成灰的可能。

河道是河流的规矩，轨道是星辰的规矩，万事万物，只有按照自己的规矩运行，才能得以长久，家的发展亦如此。而家规、家训就是一个家的规矩。

在玄鹿山脚下，郑氏家族二至四世的后裔们正在默默无闻并辛勤地忙碌着。自从同居一世祖郑绮去世后，他们便秉承郑绮临终嘱托，专心致力于孝义治家，耕读传家，严谨持家，并脚踏实地地积累家财。

四世孙郑政更是其中孝义、节俭的典范。郑政，号监山逸民，他在倡导奉行祖训的同时，也重视勤俭持家，从一点一滴中积累财富。在他的主持下，郑氏家族逐渐富裕起来。传说有一年，乡间突然发生了疫情，大家都惊恐万分，纷纷收拾行李逃往他乡。虽然郑政已经尽力让自己的母亲避开与外界的接触，但上了年纪的人在疫情面前更加脆弱，母亲还是没能逃过疫情的魔掌，病情严重。疫情还在迅速蔓延，母亲劝郑政赶快离开，不要管她，但奉行孝义的郑政怎么能在这时弃母亲于不顾，他和妻子默默对视，便心有灵犀一点通，二人决定无论如何都要在家守护母亲。面对这样孝顺的儿子和儿媳，郑政的母亲泪流满面，心中更是荡起层层温暖的涟漪。在郑政夫妻的精心照顾下，母亲的病情渐渐好转，竟奇迹般地痊愈了。乡亲们都认为这是因为郑政的孝举，才祛除了病魔，一时之间，关于郑政孝举的神奇故事传遍了乡间。

不过，郑政的故事只是在当地乡间流传，其真实性还有待考证。实际上，郑氏家族在二至四世同居共食时期，正处于合族的草创阶段，人丁稀少、财力也不雄厚，未能形成较大影响力，没有得到世人和统治者的关注，因此关于他们的史料匮乏，很多具体情况我们无从得知。但是，一个人成功的背后，必定有不为人知的孤独寂寞和不懈努力，而一个家族兴旺的背后，必定也有先祖们鲜为人知的寂寥和辛勤付出。我们可以确定的是，郑氏家族二至四世祖的努力，为郑氏家族的兴盛奠定了坚实的基础，因为他们，郑氏家族的兴盛万事俱备，只欠东风，而这一“东风”在同居五世祖郑德璋时期终于来临，郑氏家族即将扬帆远航。

郑氏家族发展到第五世祖郑德璋时期，历经了北宋末年到南宋初建、再到南宋末年的整个过程。因为北宋末年的战乱，郑氏家族家道中落，而随着南宋的发展，郑氏家族也迎来了兴盛的机会。

南宋第二任皇帝宋孝宗为改变朝廷积弱的现状，改革朝政，在中央集权方面采取了一系列措施，促进了社会稳定和经济文化的进一步发展。南宋进入了一个相对兴盛的时期，在农业、手工业、土地、租佃制经济等方面有了很大的进步。尤其是在土地制度方面，进一步推进“不立田制，不抑兼并”的政策，在更大范围内将土地所有权与经营权分离，土地所有权转换的现象更加普遍，南宋的租佃制经济与土地买卖日益发达。在文化方面，南宋是古代中国学术思想发展的巅峰时期，日本学者将宋代称为“东方的文艺复兴时代”。以朱熹为代表的理学成为学术思想的主流，理学家们倡导修身、齐家，进而治国、平天下，有利于维护国家稳定和统一。南宋统治者为寻求治国良方，将理学确定为主导思想和官方哲学。

南宋将都城建立在浙江临安（今浙江杭州），并逐步完成政治、经济、文化中心的南移，著名华裔学者刘子健认为：“此后中国近八百年来的文化，是以南宋文化为模式，以江浙一带为重点，形成了更加富有中国气派、中国风格的文化。”这使得处于浙江省浦江县的郑氏家族获得了得天独厚的发展大背景。因为郑氏家族本身强调耕读传家，在这样的政治文化背景下非常有利，他们通过租佃制等土地政策，获得了大面积的土地，建立起家族的农业庄园，为家族的发展壮大提供了经济来源和土地资源；在文化政策上，理学强调家庭、家族稳定对统治的作用，这为郑氏家族的同居共食提供了政策支持，同时也为郑氏家族在家族内部的管理上，提供了理论支持。

因此，历史大背景为郑氏家族的发展提供了“东风”，通过买卖土地，家族财富积累渐丰，到郑德璋持家时期，郑氏家族已经跻身江浙名门望族的行列。然而，随着家族人口、土地、财富等规模的逐渐扩大，家族管理也日趋复杂，这样一个庞大的组织，必须拥有一套完备的管理制度，才能正常运行。

五世祖郑德璋自然也意识到这一点。因此，在他主持家政时，开始有意识地制定治家准则，以避免郑氏家族出现“能够共患难，而不能共富贵”的现象。在家族贫困时期，族人自然会相互扶持、同心协力，以维持生存，并满足于基本的温饱，从而遵守当年一世祖郑绮留下的“同居共食”遗训；但家族一旦壮大富裕，温饱不再是主要问题时，人们想要得到的就更多，便容易在资源分配上产生矛盾。郑德璋认为，国有国法、家有家规，要遵循祖先“同居共食”的遗训，治理好一个大家族，使家族能够团结和睦，避免分家，必须有一定的法则制度。经过慎重的思考并凭借多年的治家经验，治家准则终于在他的长期酝酿之中诞生了。

一日，郑德璋召集族人于祠堂，只见他穿戴较平时更加整齐，面容也更加严肃，族人们面面相觑，纷纷揣测着到底发生了什么事情，一个个都小心翼翼。郑德璋一言未发，只是站在族人前面，面朝祖先牌位，带领族人们恭敬地祭拜了祖先，然后转过身来，面向族人。此时，祠堂中响起了郑德璋的重要讲话：

“当年，郑氏家族同居一世祖郑绮在这个祠堂留下‘同居共食’遗训，以期我们共同努力，振兴郑氏家族。如今，我们的家族虽然在祖先遗志的教导下，已经逐渐壮大，摆脱了贫穷，但是还需要进一步坚定祖先遗训，加强家族内部的凝聚力，维护同居共食的生活方式。今天，在祖先的见证下，我要宣布一项重要的决定——以后每天早晨，大家以钟声为号，按辈分在祠堂集合，拜谒祖先，温习祖志，有企图分家、破坏‘同居共食’者，将受到家法处置！”

自从那一日起，在郑氏家族中，无论刮风下雨，每天清晨必会响起肃穆的钟声，响彻郑宅大院，余音不绝。杜甫在《游龙门奉先寺》中写道：“欲觉闻晨钟，令人发深省。”郑宅的钟声就犹如寺庙中的晨钟暮鼓，警示着郑氏族人。钟声响起，郑氏族人便出发前往祠堂，聆听祖训家法，日复一日，年复一年，“同居共食”的生活方式深入郑氏族人的骨髓。

实际上，郑德璋的治家准则只是初具框架，并没有正式成文，而且他的治家准则主要集中于“毋听妇言”方面，每天清晨祭拜祠堂，郑德璋也主要训诫族人不要听信妇女的言语。中国传统家庭是以父权为主导的，女性地位确实较低，被认为不应当过多表示意见，而妻子作为一个原本从家族外进来的成员，多话就被认为有离间家族和睦的可能。不可否认，郑德璋的这一规定在一定程度上的确存在对妇女的偏见。但是从他所处的时代背景来看，这一主张在那时是无可厚非的，而且他的出发点是为了维护郑氏家族的“同居共食”。

毋听妇言

从家族的角度看，郑氏家族本就是从河南荥阳南迁到浦江，作为外来移民能够积累丰富的家财已属不易。而经过了北宋末年的“靖康之乱”，郑照卖田济民，导致家道中落。郑绮持家时，为了复兴郑氏家族，并顺应宋代对家族团体发展的提倡，开始了同居共食的生活方式，家族才得以延续壮大。而在家族同居共食的生活方式下，族长和祠堂应运而生，这就强化了以宗法关系为基础的父系家长制度，导致妇女地位较低。

同时，为了加强家族“同居共食”的管理，郑德璋进一步主张“毋听妇言”。随着经济的发展，宋代析产分居的家庭越来越普遍，在这一过程当中，妇女又表现出对夫妻为主的小家庭的渴望，并积极鼓动丈夫分家。因为从女性的角度看，郑氏家族的妇女除了相夫教子之外，还要参加家族的经济活动，劳动任务十分繁重，但无论在家族内外，妇女都没有任何决定权。沉重的劳动和低下的地位形成鲜明的对比，因此妇女要求分家，以减轻劳动量，这是一个正当的要求。虽然当时妇女地位较低，但她们的话依然可以影响到与自己关系亲密的丈夫。北宋著名理学家周敦颐曾说：“家人离，必起于妇人。”因此，郑德璋强调“毋听妇言”的背后，说明在郑氏家族中存在着妇女劝丈夫分家的举动，而这违背了郑氏家族“同居共食”的祖训。因此，以“毋听妇言”为治家准则，便可以维护家族同居。

据《金华黄先生文集》记载，郑德璋晚年双目失明，在他去世前，他的儿子跪在他的床前，悲痛欲绝地望着即将离去的父亲，但在啜泣中还不忘询问父亲的齐家之道。听见儿子的询问，郑德璋突然睁开双目，眼睛炯炯有神，仿佛可以看见眼前的一切，铿锵有力地说：“毋听妇言。”言毕，便闭上双眼，安详而去。从此可以看出，郑德璋十分重视“毋听妇言”的治家准则，在临终时也用尽全力嘱托子孙遵守这一准则，才能放心离去。

郑德璋以“毋听妇言”之法齐家，使郑氏族人在祖先的威慑下，加强家族内部的团结，建立起父系族长的权威，为子孙后代继续制定、完善家规奠定了基础。

没有规矩，不成方圆。家族就像一条大河一样，承载了过去，奔向着未来，而治家准则便为家族的发展制定了轨道。

第二节 齐家宝典是怎样制成的（上）

繁华世界，有太多美好的东西让我们流连忘返，但鱼和熊掌往往不能兼得，所以我们必须学会选择与放弃。因为人生短暂，有时穷尽我们的一生，去好好完成一件事情，我们就是人生赢家。

在《二十四孝》中有一个叫做“弃官奉亲”的故事。说起来，故事的主人公和郑氏家族的先祖还是老乡，都来自河南荥阳郡，他就是荥阳郡中牟人，潘岳。潘岳，字安仁，在晋朝武帝时期任河阳县（今河南孟州市）县令。潘岳对待父母极为孝顺，当年，因为公务缠身，他未能在父亲离世前好好尽一下为人子女的孝道，这件事一直让他耿耿于怀。如今，老家只剩年迈的母亲一人生活，而自己功成名就，更不能数典忘祖，只有自己亲自照顾母亲，潘岳才能安心。于是，他便亲自回老家将母亲接到县衙，和自己一同生活。潘岳是一个至情之人，平日也喜欢种养花木，修身养性。在他的精心养护下，这些花木茁壮成长，几年后，他种植的桃树、李树竟然从当年那一棵棵幼苗长成了一片小果林。每年春天，这里就会千树万树桃李花开，引着成群的蜜蜂、蝴蝶在其中飞舞。每到这时，潘岳总会趁着春光和煦的日子，亲自搀扶着母亲来到林中赏花、散心。

叶落归根，人总在年老之时愈加思念老家，无论潘岳怎样尽心照顾母亲，母亲的心里还是在思念着家乡。那一年，生病的母亲思乡之情更切，却不忍和孝顺的儿子开口，以免添麻烦。潘岳看出母亲的矛盾之情后，决心完成母亲的心愿，毫不犹豫地写了辞呈，交给上官。

潘岳为官，深得民意，上官不想失去这样一个优秀的父母官，对潘岳再三挽留。但潘岳不为所动，他说："我若是贪恋荣华富贵，连母亲的意愿都满足不了，那算什么儿子呢？又怎么去关爱其他百姓呢？"上官被他的孝举所感动，只能惋惜地放他离去。

回到家乡后，母亲因为心情舒畅，病也痊愈了。虽然辞官后，潘岳断了经济来源，满腹学识的他只能耕田卖菜以维持生计，但看着母亲的身体日渐好转，再辛劳贫困，潘岳也是甘之如饴。在他的精心护理下，母亲每天都发自内心地高兴，安度了自己的晚年，这让潘岳觉得自己的辞官非常值得。有人为其作诗曰："弃官从母孝诚虔，归里牧羊兼种田；藉以承欢滋养母，复元欢乐事天年。"

在郑氏家族中，也有一个类似潘岳一样的人物，他叫郑文融。不过，潘岳弃官是为了奉亲，而郑文融弃官是为了治家。为了家族，郑文融选择了解甲归田。

郑氏家族同居六世祖，郑文融，名大和，字顺卿。当年那个跪在郑德璋病床前，哭泣着问父亲齐家之道的人，就是郑文融。父亲去世后，他悲伤至极，远离酒肉三年。而郑文融的行为也给子孙树立了榜样，郑氏子孙都以孝顺恭谨作为自己的处事原则。

郑文融从小以聪慧智敏著称，性格沉稳坚毅，重视规矩，他认定的事情，就会执着地做下去。郑氏家族耕读传家至他这一辈，家里已经比较殷实，为他进入仕途奠定了坚实的基础。为壮大门楣，他人生规划的第一步自然是步入官场，历任提领处州务、建德和丰仓、绍兴广丰库、徽州永丰仓、饶州皇岗务副使、遂安税使等下级官吏，这些官职相当于现在县市级别的普通公务员。虽然这些官职较小，但在任职期间，郑文融需要到各地执行公务，接触到了各种不同的人与事，这大大丰富了他的阅历，开阔了他的眼界。尤其是在这一过程中，他观察并了解到很多其他家族的治家方式，颇受启发。每当闲暇下来，他便开始在心中总结这些经历，反思自己的治家之道：自从郑氏家族同居共食以来，自己只是按照父辈先祖的嘱托来管理家族，几乎全部心思都在官场之事上，从来没有好好思考应该如何更好地治理家族。有朝一日，一旦自己离开人世，又能够为郑氏家族留下什么呢？

每每这样思考，郑文融都觉得自己愧对郑氏的祖先和族人。到底应该如何做呢？一日夜里，郑文融再次思考起自己的未来，他就那样静静地端坐在桌前，时而皱眉，时而叹气，蜡烛已经燃尽也浑然不知。当黎明的曙光透过窗户照射在他身上的那一刻，他突然一脸轻松，如释重负般拿起笔墨，在一张纸上奋笔疾书起来。带着写好的纸张，他便急匆匆地出门了。他到底要干什么呢？

原来，郑文融经过慎重的思考，决定为了整治家业，将郑氏家族进一步发扬光大而放弃自己的官场生涯。做出这一决定时，郑文融犹如卸下了一个沉重的包袱，自己内心一直以来对家族的愧疚也终于释然了。对于郑文融这样一个孝义之人，上官当然也是再三挽留，但他回答道："自古君子先修身、齐家，然后才治国、平天下，如今我连家都没有治理好，怎么有脸面入仕来管理百姓呢？"面对郑文融对家族的热爱，上官尽管舍不得他这个人才，但为成全郑文融对家族的担当，还是决定批准他辞职。

回头望望自己工作过的地方，郑文融毅然离去了。毕竟是自己曾经用尽激情奋斗过的事业，郑文融心里也有万分的不舍。但这不舍不是贪恋官场的权力和财富，而是留恋自己对为民服务的热爱和努力。不过，在郑文融眼里，这些不舍和自己的家族相比，又显得微不足道。他告诫自己，从今以后要以振兴郑氏家族为己任，全身心投入到治理家族中去。他是这样想的，而且他也以实际行动回应了自己的想法。

解甲归田后，郑文融便开始潜心研究起古今治家之道。每天清晨，天刚刚有些鱼肚白，他已经穿戴梳洗整齐，开始一天的读书治学；每天晚上，他还要秉烛夜读至深夜。一天里，除了吃饭，他几乎都在读书，研究治家之道和治家理论，连睡眠都很少，真的达到了废寝忘食、衣带不解的境界了。

郑文融的父亲郑德璋在家族内开始了"以法齐家"的治家准则，为郑文融寻求治家之道奠定了基础，他决定进一步发展"以法齐家"的原则。在他阅读的有关治家的书籍中，郑文融特别看重朱熹的《家礼》。《家礼》是朱熹根据当时宋朝社会习俗，并参考以往关于家礼的著述而作。其内容主要包括五个部分，分别为通礼、冠礼、婚礼、丧礼、祭礼。其中通礼统领全篇，包括祠堂、服饰、居家等方面的礼仪；冠礼记叙的是关于孩子的成年礼等礼仪制度；婚礼是关于纳彩、聘礼、迎亲等结婚事项的规定；丧礼包括五服制度，下葬、守孝等丧礼制度；而祭礼则包括祭祖先、四季祭祀等制度。

总之，《家礼》拟定了一套非常切近实际的礼节制度和完备的有关建设家族组织的总体构想。它也比较全面地收录了日用伦常和礼节制度，为家族组织确立一种理想的生活方式，即长幼有序，行为有规。人们的言行举止必须符合规矩，冠、婚、丧、祭都有定式，这样有助于家族内部有序的管理。可以说，朱熹的《家礼》体系完备，而且条目清晰，被后人称为治家的圭臬，在有关治家的著述中占有很高地位。

这样一本书，的确值得治家心切的郑文融重视，但是郑文融在欣赏之余，更想拥有郑氏家族自己的，甚至是超越朱熹《家礼》的家规。一天，他看着桌上被他翻阅无数遍的《家礼》，伸手指着它，雄心壮志道：“给我两三年的时间，我一定会制定出和《家礼》一样，甚至更好的家规来！”在这样的远大目标下，郑文融便开始紧锣密鼓地行动起来。首先，他命人制造古人行礼祭祀用的器具和服饰，让郑氏子孙学习它们的使用方法。其次，郑文融也亲自试用这些器具和服饰，进行跪拜行礼等，一旦发现有不当之处，便马上进行修改，直到他觉得这些器具和服饰适合子孙使用为止。另外，郑文融也邀请到当时著名的儒学大家柳贯、吴莱参与制定家规，他们为郑氏家范的制定提供了很多宝贵的建议。郑文融在家族内举办冠礼时，还把柳贯邀请为座上宾，请他观看冠礼的举行，并适时提出建议。

实际上，郑文融是在力求恢复孔子所提倡的周朝礼制，但是到宋朝时，这些礼制已经荒废很久了，郑文融周围的很多人都认为要恢复周朝的礼仪制度太困难。可是，郑文融并没有在困难面前退缩，因为他内心要治理好郑氏家族的强烈愿望一直在鼓舞着他，他反而更加努力践行这些礼仪了。他也要求家人要严格按照周朝礼仪行事，一旦小辈人犯有过错，家族中的老人便会按家规惩罚他们；以前郑氏族人有信奉佛教的，郑文融认为这违反了周礼和孔子远离鬼神的原则，便撤去了家中的佛像。

在他的身体力行下，这些礼仪终于在郑氏家族内有序地开展起来，郑氏家族一时间如同官府一样庄严肃穆，其孝义之风不断向更远处传播。郑文融也终于实现当初自己对着朱熹《家礼》所发出的豪言壮语。传闻，郑文融主家时期，曾在家里饲养了两匹马，其中一匹马不幸患病离去，而另一匹竟然为此悲伤地绝食。人们都认为，这是郑氏家族孝义之风浓厚，连马匹也被孝义之风所感染了。

通过对治家理论的学习和在家族内部的实践，郑文融在祖先治家的基础上，终于制定出五十八条家规，其主要内容有六个方面：第一，不信奉老子和佛教的说教；第二，冠礼、婚礼、丧礼、祭祀一定要按照周朝礼仪制度；第三，子孙要听从长辈和家规的教导，恭谨地践行孝道；第四，将家族中田地等财产的管理分配到人，并明确职责；第五，家族中的妇女应该做好纺织等女性劳动，不能干预家事；第六，要求族人分清人际关系的远近，强调家族内外有别。

在郑德璋“以法齐家”的基础上，郑文融通过不懈的努力终于使郑氏家族的家规正式成文，他制定的五十八条家规也成为郑氏家族史上著名的

《郑氏规范》的雏形，为郑氏家族的有序管理和发展做出了突出贡献。

在人生的选择题上，郑文融放弃了官场而选择治家，也许他失去了在官场上大显身手的机会，但是却收获了五十八条治家准则。无论对自己还是对家族，他都交上了一份满意的答卷，因为他可以无愧于祖先，家族也因此更好地发展。这部家规，无疑具有重大的意义。

放弃做官，专注治家，郑文融依然是人生赢家。

第三节　齐家宝典是怎样制成的(下)

一项伟大的事业，总是需要很多人为之奋斗，而一部齐家宝典的形成，也需要一代代人的不断努力。

在郑氏家族郑德璋和郑文融的努力下，郑氏家规已经初具雏形，这进一步促进了郑氏家族的壮大和孝义的传承。到了郑文融儿子郑钦这一代时，家族内部生活有序，俨然一个有效运转的庞大机器。全族上下全都沐浴在孝义之风中，而郑钦更是以身作则，践行家规，秉承孝义。

郑钦，字子敬，号青樾居士。有一次，郑钦的母亲身患重病，他遍请名医，也未能将母亲医治好。只能眼睁睁地看着母亲被疾病折磨，自己却束手无策，这可急坏了孝顺的郑钦。由于担心母亲的病情，郑钦已经是食不知味，夜不能寐。可是，这么多名医都无计可施，自己到底该怎么做呢？郑钦无时无刻不在思索着要如何减轻母亲的病痛。思来想去，能用的方法已经用尽，自己又无法代替母亲受苦，郑钦认为只剩下乞求上天这一个办法了。而且，既然不能代替母亲受苦，郑钦就想着要和母亲一起承受痛苦。于是，他毫不犹豫地用火灼伤自己的手臂，来到庭院双膝跪地，开始虔诚地向上天乞求起来："上天啊，我的母亲已经年迈，经不起病痛的折磨了，我愿意替母亲承受病痛，请让她快点好起来吧！"为了表示自己的真心，郑钦先后三次这样跪拜祈祷，其喊天的悲怆之情响彻郑宅内外。

"灼臂吁天"已经是至孝之举，而在郑钦身上，更加感人的故事仍然在上演。

这一次，是郑钦的父亲身患奇病，尝遍百药后，仍然不见好转。这一次请来的医生，已经记不清是第几个了，他还是像之前的医生一样，在把脉之后只能摇摇头，叹息着准备离去。站在病床前的郑钦再也无法淡定了，他双手抓住医生，此时的焦急让郑钦使出了全身的力气，医生被他固定在那里，无法动弹。郑钦声音沙哑却又急切地向医生恳求："请无论如何都要救治父亲，只要自己能办到的，一定拼尽全力把药找到，请您再想想还有别的方法吗？我都想试一试！"

面对这样孝顺父亲的郑钦，医生非常感动，他沉思了许久，说道："倒是还有个民间流传的偏方，但是否有效，我不能确定。"

"真的吗？是什么药方，请您快告诉我！"郑钦欣喜地问。

"这付药需要一个药引，只不过这个药引非常特殊……"医生说。

"到底是什么药引，医生您就告诉我吧！"郑钦恳求说。

良久，医生终于开口："是人的血！"

听到这个答案，郑钦并没有被吓到，反倒是长舒了一口气。他想，如果是其他珍贵的药材，他可能真的没办法得到，可是人血自己就有啊！无论能否治好父亲，都值得一试，自己流点血算什么！

于是，他赶紧命人拿了个碗和刀来，二话不说用刀刺向自己的手臂，鲜红的血一滴滴流进碗里，直到接满一碗，郑钦才包扎了伤口。弄好了药引，郑钦赶快请医生开药方，并亲自去药房抓药，然后精心熬好了汤药。郑钦手臂缠着白纱，端着温度正好的汤药，一勺一勺喂给病床上的父亲。此时此刻，他早已忘了手臂的疼痛，一心期待着父亲喝下药后能够康复。

虽然人们并不确定郑钦的母亲是否因为他的祈祷而好转，也不清楚他的父亲是否因为那碗用郑钦鲜血作药引的汤药而康复。但得儿如此，即使是在病中，郑钦的母亲和父亲心里也应该是暖暖的。

郑钦的灼臂、刺臂换血，都是在至孝之情下的举动，的确也非常感人，但这些孝举却伤害了自己的身体。他的至孝之情值得我们学习，可是通过伤害自己来行孝却不是我们应该效仿的行为。孔子曾说："身体发肤，受之父母，不敢毁伤，孝之始也。"毁伤身体，只会让关爱自己的父母更加心疼，因此，孝顺也要讲究方式方法，伤害自己身体来行孝是不可取的。

除了践行孝义外，郑钦已经不满足纯粹的同居共食，因为这时的郑氏家族已经积攒了比较雄厚的物质财富，生活和谐有序，安居乐业。郑钦认为，虽然这样的生活已经很富足，但已经没有更广阔的发展空间了，郑氏家族若要进一步壮大，必须拓展新的发展领域。而一直有耕读传家传统的郑氏家族，此时是族人积极入仕为官的良好时机，因此，郑钦开始大力鼓励族人考取功名。

为了调动起族人入仕的积极性，他用丰厚的物质利益作为奖励，一旦有族人得到官职，就会在家族内部得到奖励。对于平时只能严格按照规定领取份钱的郑氏族人来说，这样的诱惑确实无法阻挡，很多族人便开始踏上了考取功名的道路。

事实上，郑钦设置这种奖励还有一个更重要的目的，那就是防止入仕的郑氏族人贪赃枉法。郑氏先祖为官的忠义廉洁早已为郑氏族人树立了榜样，一直强调孝义治家的郑氏家族更加不允许贪官的出现，败坏家族门风。既然郑氏家族已经超越了同居共食的生活，那么之前郑文融制定的五十八条家规已经不能涵盖家族生活的全部，需要进行增订。

因此，郑钦在权衡治家实践的经验之下，又续订了家范七十三条，使郑氏家规日臻完善。郑钦在《续规》中说道："我父亲著述了五十八条家范，已经刻印在庭院右侧的石碑上。我虽然资质愚钝，但多亏祖父给留下许多治家经验，结合自己治家的实践，进而总结成文，做成《续规》以补充之前郑氏家规的不完善之处。希望子孙后代能时刻铭记家规，严谨行事。"在郑钦补充的家规中便规定："子孙器识可以出仕者，颇资勉之……"以此鼓励族人入仕。

郑钦的这段话，着实显示出他是一个非常谦逊的人。其实，他并不是天资愚钝，他能在家族安居乐业时居安思危，想到通过入仕来巩固家族的地位，已经显示出他是一个目光远大的人。为了将治家心得推广到族人的为官处事中去，在郑钦增订的家范中，他又着重强调子孙为官期间一定要廉洁奉公、勤政爱民，劝诫他们要事事以国事为重，不能因为做官而傲慢无礼，而是更需要谦虚谨慎。郑钦特别看重郑氏祖先们为官清廉的传统，在家范中制定了强硬的制约手段，比如：郑氏族人若有贪赃枉法者，被视为辱没家族、玷污家族名声，将不被承认是郑氏家族子孙，活着的时候在《族谱图》上剔除名字，去世后也不准入祠堂。这对于历来以家庭为重心，看重宗族祭祀的中国人来说，无疑是最严重的处罚。

不过，也因为这样严格的家范，所有郑氏族人在为官时，时时刻刻不敢忘记家规的要求，这也保证了郑氏子孙为官清廉和仕途平安，激励着他们深入体察民情，报效国家，发扬郑氏家族的忠义之风。

几百口人的大家族，既要当家人忠于职守，发展家业，又要族人遵守纪律，安于本分，为此需要防范的地方太多。因此，要维持生活秩序，要维护家族的长盛不衰，必须要制定更加严密的规章制度。随着郑氏家族不断壮大，郑氏家族八世孙郑涛、郑泳和郑濂等人在当时的儒学大家宋濂的帮助下，将其最终定稿为《郑氏规范》，经过查漏补缺，最终的家范共有一百六十八则。其主要内容包括对孝义、祠堂、祭祀、理财、教育、入仕、妇女言行、交友、乡邻关系、日常礼仪等具体规定，面面俱到，不放过一个细节，涉及政治、经济、文化等所有领域。如果说郑氏家族就是一

郑氏宗祠

个小社会，那么这部《郑氏规范》就是一个涉及社会生活所有方面的法律。

《郑氏规范》经过几代人的努力，终于成为一部十分完备的治家法典，其中有郑氏族人自己治家的经验，有对前人治家之道的借鉴，也有柳贯、吴莱、宋濂等儒学大师的指点。因此，它又是一部非常权威的家训。

《郑氏规范》以修身、齐家、治国、平天下为主旨，可谓是实践与理论的完美结合，同时其条理性和明晰性更是在所有家训族规中独占鳌头。因为这部治家法典的完备和权威性，郑氏家族治家之风得到进一步的传播，也拥有了更广泛的影响力。这使它成为郑氏家族留给后人的重要遗产之一，也成为中国家训史上一颗耀眼的明星。

《郑氏规范》的形成，是郑氏家族几代人实践和智慧的结晶，一部齐家宝典就是这样制成的。

第四节　王朝的恩宠之旌表

如果在春天辛勤耕作，那么在秋天就会收获累累果实。在风光秀丽的江南，错落有致地排列着小桥、流水、人家，其中有一个郑氏家族，它用孝义、耕读勤苦治家，那它又收获了什么呢？

它收获了“三朝旌表恩荣第”。

对于以宗法关系为基础的中国古代社会，郑氏家族的义门同居有利于维护王朝的统治。因此，在南宋末年，宋王朝统治摇摇欲坠之时，郑氏家族义门同居已经受到朝廷的支持。而到了元代，郑氏家族开始正式获得朝廷的旌表。

所谓旌表，是古代统治者为巩固统治和推行道德教化的一种方式。自秦汉以来，历代王朝对所谓的义夫、节妇、孝子、贤人、隐逸以及累世同居的家族等大加赞赏，往往由地方申报朝廷，获准后赐以匾额，或由官府建造牌坊，以彰显其名声气节。因此，在我国古代，旌表是崇高荣誉的象征。获得旌表，便代表可以彰显德行，沐浴皇恩，流芳百世，所以旌表也是很多人一生的追求。

其实，旌表就是古代的一种荣誉，其多以牌匾的形式呈现。不过这种荣誉很难获得，因为它需要层层选拔和审批。例如，在宋代，旌表的申请是自下而上的，首先，由当地乡绅市民对旌表对象的事迹进行大众点评；其次，将民众的评议汇总，呈报当地官员审查。旌表是为一国树立道德榜样，事关重大，为确保事迹真实性，地方官员需要亲自到候选人家中走访并核实，然后再将其感人事迹汇报给当朝的皇上。

如果把古代的荣誉比作我们平时的奖励证书，那么这种荣誉就是对普通人最高的国家级荣誉。更形象地说，旌表评选的过程及难度最像当今“感动中国”的评选。不过，旌表与“感动中国”有着本质的区别，因为旌表是由官府颁定的，而后者是由公共媒体组织的。“感动中国”是中国中央电视台最重要的年度人物评选活动，有弘扬中华传统美德的作用。自2002年始，每年举办一次，得到了国家领导人的重视和民众的广泛关注。据感动中国网报道，2012年的评选流程有四个阶段：第一阶段，“感动中国”通过各地的联盟媒体，在当地举办“感动中国之感动某地”人物评选活动，推出地方候选人送往央视“感动中国”。推选委员会再从各地海选出的候选人以及网络新媒体推选出的候选人中，评选出20名感动中国候选人。第二阶段，“感动中国”进入最后评选阶段，央视《东方时空》栏目将开始播出候选人的事迹短片。中国网络电视台、新浪网、腾讯网三大网站开始接受投票。第三阶段，经评委会评议产生“感动中国”2012年度人物。第四阶段，颁奖典礼在央视播出。

在中国这样一个人口大国，每天都有感动的事在上演，而能够从十几亿人口中，通过民众推选、网络投票、推选委员推选等层层筛选，被评选为当年“感动中国”人物，他们的事迹必须具有广泛的影响力，这真的很不容易。

在古代，能够获得旌表同样是一件很难的事，这种荣誉对于普通百姓来说也是至高无上的。不过，旌表不仅仅是简单的荣誉，受旌表者同时也将获得诸多政治、经济特权，比如免除赋税、劳役，事迹被载入史册等。

古代的旌表主要有四种类型，即旌表节妇、旌表义门、旌表孝行和旌表隐逸。对于同居共食的郑氏家族来说，对它的旌表便属于旌表义门。郑氏家族以“孝义”为核心，同宗同族数代不析产，不分居，符合古代传统的伦理规范和道德标准，所以古代王朝特别重视对像郑氏家族这样“义门同居”的褒扬。

元朝，作为北方少数民族蒙古族的统治政权，实行民族分等级的政策，把蒙古族作为等级最高的民族，而其他民族则是低等级民族，常常受到压迫，民族矛盾突出。其中，原来居住在南宋境内的人民被掠夺得更为严重，而这些人当中包括很多汉族儒学士大夫。同时，元朝也始终未建立完备的法制，加之民族矛盾严重，王朝统治因此不稳定。不满于元朝的统治，这些儒学士大夫等知识分子因此结成反对派，抵抗元朝的统治。面对这种情况，元朝统治者为维护统治必须寻找解决之法。义门家族同居共食的生活方式可以稳定一方，以“孝义”为核心的宗旨又宣传了儒家道德规范，便成为元朝统治者维护统治的最佳选择。

元朝著名丞相脱脱，生于蒙古贵族之家，曾亲临郑氏家族，为其书写

“白麟溪”三字，使郑氏家族进一步受到元朝的重视，走上获得旌表的辉煌之路；1311年，元朝政府首次旌表郑氏家族为“孝义门”，郑氏家族因此得名“郑义门”；1335年，郑氏家族因孝义而被免除赋税杂役，在这样一个汉族人备受压迫的元朝时期，郑氏家族的兴盛不但没有停滞，反而进一步发展；1338年郑氏家族再次获得旌表“孝义门”。1350年，元朝官员余阙得知郑氏家族累世同居，孝义治家，为其题“东浙第一家”，以褒扬郑氏家族。余阙官至监察御史，负责监督和建言献策，权限广泛。而且他为政严明，学识丰富，在元朝中很有地位。他的题字，也给郑氏家族带来了荣耀；1352年，元朝翰林学士（相当于现在中央机关秘书）为郑氏家族题“一门尚义，九世同居”碑；1353年，元朝皇太子赐郑氏族人郑深“麟凤”巨匾。四位元朝重要人物对郑氏家族的推崇，进一步凸显了郑氏家族的崇高地位。

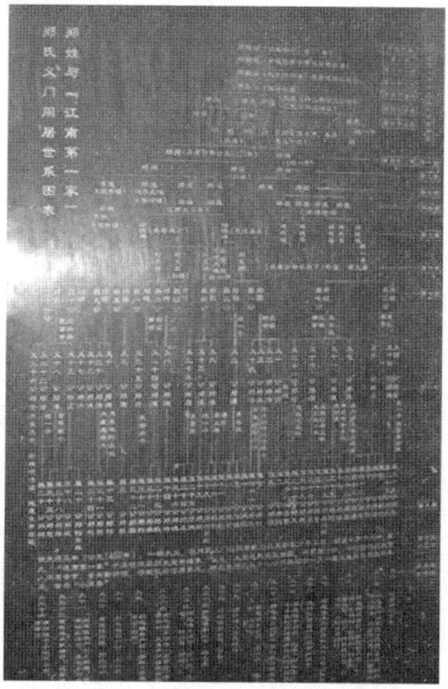

九世同居系图表

一系列的嘉奖，以及元朝贵族、高官的重视，显示出郑氏家族备受元王朝的青睐，而这接踵而来的至高荣誉也让郑氏家族名声大震，成为江南一带实至名归的名门望族。

元末明初，很多家族因战乱而发展停滞，人口减少，但郑氏家族却成为一个特例，人口不但没有减少，反而是在增加。这不仅是因为郑氏家族受到了元朝的重视，也因为其在元末明初就受到了明朝统治者的重视。

明朝开国始祖朱元璋刚刚占领浙东时，元朝政权还未被完全推翻，为快速稳定自己的统治，朱元璋吸取历代王朝的统治经验，希望利用义门家族来稳定地方。这时，有一个将郑氏家族引向朱元璋视野的重要人物出现了，他就是李文忠（也有研究称为朱文忠）。

李文忠是朱元璋的亲外甥，与他关系亲近，因此他的话在朱元璋那里很有影响力，如果哪个家族能够得到他的推荐，其前途必然是一片光明。李文忠曾向朱元璋上书说，浦江郑氏家族孝义同居，事迹被载入《宋史》，元朝曾两次旌表其为“孝义门”，家族人口众多，却能一直保持孝义家风，团结和睦，恳请赦免郑氏家族的徭役，以支持这个大家族的发展，这有助于笼络浙东的势力。朱元璋很重视这份奏章，认为李文忠的请求对于政治教化大有益处，立即批复免除郑氏家族的徭役。

郑氏家族因此在元末明初之际，受到两个王朝免除杂役的照顾，家族内数千口人得以平安度过战乱的纷扰。同时，郑氏家族也因为李文忠的一封上书，从此与明王朝有了千丝万缕的联系，获得明王朝的高度重视。李文忠的确是郑氏家族的贵人，不过对于郑氏家族来说，他们更应该感谢自己。因为获得李文忠的推荐并不是简单的幸运和偶然，如果不是郑氏家族一直坚持孝义治家，坚守社会道德规范，也不会拥有良好的家风，也不会得到百姓、统治者的认可。

明代的徭役赋税是十分繁重的，有些农民承担不起，只能变卖妇女的首饰、牲畜、房屋、土地，甚至是孩子。据《荷谷先生朝天记》记载，一位车夫为了缴纳徭役，卖了自己十五岁的儿子，换来三辆车以履行徭役。

而之后再要缴纳徭役时，他已经无计可施，最后自缢而死。在这繁重的徭役下，只有少部分人可以免除徭役负担，叫作“优免”。这包括一些生理和身体条件特殊的人，如老人；负担专门行业徭役的家庭，如在官府控制的手工业中工作的人，不过，虽然他们可免除充当临时劳动力等一般民役，但原本的专业徭役已经负担很重；官户可以获得优免，终身不用承担任何徭役，事实上，他们才是真正的优免。

郑氏家族在获得优免之时，并不属于其中一种，因为明王朝是在优免郑氏家族之后，才将儒户、先贤子弟一类人并入到官户之中，可见明王朝对郑氏家族的恩宠优渥。凭借朝廷的重视，到了明朝建立初期，郑氏家族可谓达到了发展的顶峰，也迎来了明王朝的诸多旌表。

1370年，郑氏族人郑洧代表郑氏家族，同江南很多大家族的代表一起，得到朱元璋的亲自召见，朱元璋因为郑洧来自郑氏孝义门，在众多代表中对他格外看重。

1385年，郑氏八世孙郑濂晋见朱元璋，朱元璋说：“你家九世同居，孝义名冠天下，可谓江南第一家。”郑氏家族由此得到“江南第一家”的表彰。接着朱元璋又问他是如何治家的，郑濂回答“谨守祖训，不听妇言”，并把《郑氏规范》呈给朱元璋。朱元璋阅览后，对《郑氏规范》大为赞赏，并将其作为制

江南第一家

定明朝法律的参考。他还对郑濂说："你今后每年来朝见，可以与颜回、曾子、子思、孟子的子孙一起行礼。"这句话又意味着什么呢？

颜回、孟子等人都被历代统治者和学者推为古代圣贤，他们代表了最高的道德品质和才智学识，是儒家思想的典范人物。自汉代"独尊儒术"以来，历代王朝统治者都推崇儒家学说，以巩固统治，因此这些人物备受统治者的尊重，其后代得以荫庇。朱元璋的这句话，就是把郑氏家族视为古代先贤圣哲的支脉，这是对郑氏家族高度的赞誉和推崇，使郑氏家族的地位再一次得到提升，达到家族发展的巅峰。

面见结束后，朱元璋又将宫中吃食赐给郑濂。郑濂受宠若惊，叩跪拜谢后，一路上小心翼翼地将这些吃食捧在怀里，就怕在到家之前损坏了这些恩赐，亵渎了圣恩。可是，将这些食物完好地带回家后，他又开始犯愁了：这些食物该怎么分配呢？郑氏家族作为孝义治家的典范，圣上恩赐自然不可以独食，但家中这么多口人，每人都能分到实在是不可能，这可如何是好？

不过，若是没有两把刷子，郑濂怎么能够成为郑氏大家族的当家人呢？沉思片刻，他便计上心来，立刻命人将这些吃食切割成小份，和家人怀着崇敬的心情一起感谢皇恩浩荡之后，分食了这些恩赐。朱元璋听闻这件事后，对郑濂大加赞赏，想要赐官给郑濂，但郑濂觉得自己已经年老，不能尸位素餐，便推辞了恩赐。

1390年，郑濂再次晋见朱元璋，朱元璋说："你家累世同居，人敦孝义，看来天下只有你一家。"随即便叫宫人笔墨伺候，要亲书"孝义家"赏赐给郑氏家族。在写"孝"字时，朱元璋淡写了上面的"土"，然后重墨写了下面的“子”字。这是什么意思呢？原来仅用一个“孝”字，朱元璋便巧妙地在其中寄予了深刻的内涵，在题完字后，他就自己道出了其中的寓意：“江南风土薄，惟愿子孙贤。”朱元璋是想将郑氏家族放置到与圣贤等同的位置上，树立郑氏家族为榜样，从而在全国发展出更多的孝义家族。

据《明史》记载，有一个叫王澄的人，字德辉，是与郑濂同时代的浦江人。他也是个孝义之人，在粮食歉收的年份中，王澄将自己家的粮食贷给饥饿的农民，不收取分毫利息；有向他变卖家产的人，王澄也一定会给足他钱财。虽然自己已经尽力做到孝义，但他还是一直钦慕郑氏家族的孝义家风，在他即将去世的时候，将子孙召集到一起，留下遗言说：“你们若是能够像郑氏家族一样同居共食，那我就会死而瞑目。”子孙们听到教诲，全都点头承诺，立誓努力向郑氏家族学习。后来，王澄的一个孙子被郑氏八世孙郑湜推荐做官，另一个孙子和郑济被一同选为太子东宫的官员。王澄家族得以被称为“义门王氏”，几乎和郑氏家族等同。可见，郑氏家族的确不负圣恩，在社会中起到了榜样的作用。

宋、元、明三朝的恩宠旌表，给郑氏家族带来了无上的荣誉，确立了郑氏家族“江南第一家”的崇高地位，郑氏家族的事迹更是被载入《宋史》《元史》《明史》中，郑义门从此名扬天下。

皇帝的表彰，并没有让郑氏家族得意忘形，反而更加严谨治家，力图成为社会的表率，不辜负皇恩。《郑氏规范》第一百三十四条，告诫族人：郑氏家族既然被旌表为孝义门，更要言行谨慎，多行善事，不得作威作福。也正是这样的不骄不躁，让郑氏家族名垂历史，为后人所赞扬。

如今在郑氏祠堂中有副对联，就是对郑氏家族获得旌表殊荣的最佳写照：“宋元明三朝赐命，忠孝义百世流芳”。

第五节　王朝的恩宠之封赏与赦免（上）

美丽的雪莲花，总是长在深谷峭壁之中，因为只有这令人战战兢兢的环境，才能提醒想要得到它的人：美好的事物并不是轻易得来的，必须谨慎对待。

鲜花和掌声，确实可以带来荣誉，但俗话说“人红是非多”，荣誉降临的同时，必然也带来了更多的关注，也就有了更多的争议。明朝前期的郑氏家族就处于这样一个敏感的境地中。

因为，郑氏家族除了获得了旌表的荣誉外，还获得了明王朝的很多封赏。

1393年，朱元璋决定遴选以孝悌著称的儒生在太子住所任职，以辅佐太子学习，因此命令大臣推举人选。众所周知，浦江郑氏家族一直是皇上跟前的红人，大臣们便揣度圣意，一致推荐郑氏家族。朱元璋说：“郑氏家族的邻里王氏，也在效仿郑氏孝义的家风。”大臣们顿悟，原来皇上是希望郑氏与王氏两个家族的人都来选官啊。于是，征召两家中三十岁以上的人都赴京候选。郑氏家族作为当时千人同居的名门望族，以八世孙郑渶为首，浩浩荡荡组成了一个二十四人的团体，赴京应召。

朱元璋对郑渶说："天下孝义，以郑氏家族为首，义门中更是人才济济，你可以自行在你家选择贤德之人，推举出来陪太子读书。"这是对郑氏家族何等的信任啊，辅佐太子读书的人，必定要精挑细选，而朱元璋竟然让郑氏族人自己推荐，这样的殊荣恐怕也只有郑氏家族能够拥有了。郑渶经过慎重择选，推荐出郑济等三人。朱元璋选中了郑济，并对他说："你家的孝义，神明都可以感应到，朕今日不让你管理国家刑罚和财政，只希望你能够将郑氏家族孝义、和睦的治家之道时刻讲给太子听就可以了。"而在义门王氏中，朱元璋选中了王懃，对郑济和王懃进行嘱托后，便任命二人分别为春坊左、右庶子，共同作为太子的幕僚官员，培养太子学习治国之道，以接任皇位。

1397年，朱元璋欲再次从全国大家族中选取人才，委以重任，而郑氏家族又一次被推举为候选家族，族人推选八世孙郑沂赴京面圣。朱元璋在召见郑沂时，有些替郑氏家族鸣不平地说："你家大孝大义，累世同居，虽然你的先祖曾在前朝为官，却不曾担任过显耀的官职。"这句话言下之意是什么呢？

朱元璋可能是这样想的：郑氏家族如此孝义，前朝统治者竟不懂得重用郑氏家族，难免有些浪费资源。如今自己当政，定不能像前朝统治者一样见识短浅，应该以其孝义家风为由重用郑氏族人。以此为例，间接地告诉天下，家族孝义就会得到封赏。这样一来，各个家族都以孝义治家，就起到了巩固自己统治的作用。朱元璋不愧为一朝开国者，看似随意的封官背后，其实有着深远的考虑。

于是，朱元璋亲自授命郑沂为礼部尚书。这是一个显耀的官职吗？明代中央权力执行机构为吏、户、礼、兵、刑、工六部。礼部对内掌管册封、祭祀等国家庆典活动，并管理国家教育和科举考试；对外负责与外国往来等外交事务。而礼部尚书是礼部的最高官员，相当于现在的文化部部长、教育部部长兼外交部部长。因此，朱元璋的确给郑沂封了一个大官。

孝义家

面对这样的高官职位，郑沂唯恐自己不能胜任，便竭力推辞说：“我就是一个粮长小官，才疏学浅，恐怕不能担此重任，辜负了圣恩。”朱元璋说：“你不要灭自己的志气，你出身孝义之家，掌管天下礼仪之事再合适不过！”于是，郑沂上任礼部尚书一职，这也是郑氏家族入仕的族人中达到的最高位置。郑沂任礼部尚书多年，直到年迈才辞官返家。1402年，是明朝第三位皇帝朱棣登基的那一年，郑沂入朝晋见，又被皇帝留任礼部尚书，没过多久，他因为年老再次辞官归家。

同一年，郑氏九世孙郑干被任命为湘广道监察御史，负责监察百官、巡视郡县、纠正刑狱、肃整朝仪等事务，虽然官阶不是很高，但因负责监督工作而权势颇高。郑干七十二岁时，已经担任此位十二年，本是到了退休的年龄，但因为政绩显著，朝廷仍然留任重用他。后来他还成功将自己的侄子郑煁（chén）举荐为四川道监察御史。在明朝一代，郑氏族人被委以要职共四十七人。

1405年，永乐帝朱棣在位时，朝廷下诏编撰百科全书式的文献集《永乐大典》，因此到处寻访征集各种典籍。郑氏家族八世孙郑沂积极响应朝廷的号召，将家中所收藏的古书和郑氏族人所撰的《龙吟》《雅友》《二琴》奉献出来，永乐帝因此赏赐郑氏家族黄金百两作为奖励。

接二连三的旌表和封赏，将郑氏家族推向荣誉的巅峰，但同时他们的一言一行也更加受到别人的关注，甚至嫉妒。即便他们没有犯错，这些嫉妒之人也会费尽心机地想要迫害郑氏家族。况且人非圣贤，孰能无过，一旦郑氏家族真的有人犯错，即使很小，也会被瞬间放大。而且，伴君如伴虎，皇帝的心思无法推测，很多名门望族可能今日得宠，明日就落败。

满身荣誉的郑氏家族能否承载着这些封赏安然前行呢？

郑氏家族八世孙郑洪，字仲纤，任职内藏库提点。内藏库是储存国家各项经费结余的地方，相当于国家储备金库，以供不时之需，对于朝廷而言其重要性是不言而喻的。而内藏库提点则是负责管理内藏库的官员，这是一个涉及钱财的官职，一旦丢失一分一毫都责任重大；这也是一个诱惑极大的官职，如若不严格约束自己，很容易监守自盗。1371年，内藏库进行盘点，结果发现库中少了一千三百零一两黄金，两千六百七十五两白银。时任内藏库提点的郑洪，负有监察的职责，这不见了的金银若与他无关，他就是监管不力，玩忽职守，若与他有关，他就是监守自盗。不管怎样，他都逃脱不了罪责。

据《明史》记载，大明法律如唐代法律一样简明扼要，却很严苛，不如宋代法律宽厚。如果是监守自盗，贪赃数目达四十贯钱，就处以绞刑。一贯钱是一千文铜钱，相当于一两银子，或十分之一两黄金。所以在明代，贪污四十两银子，就判死刑。这次内藏库盘点，亏损的金银是成千上万个四十贯，不仅郑洪难逃一死，就连整个郑氏家族都会受到牵连。

案发后，负责案件的官员正在紧锣密鼓地查案，追究涉案人员的责任，但朱元璋却在此时对办案官员说："这个内藏库提点郑洪，是郑义门的子孙，这样的孝义之家，家族的其他人应该与此案无关。若是把郑氏家族抄了家，岂不会冤枉了这些孝义之人。你们只需核算整个郑氏家族有多少人口，多少钱财，多少田产，看看郑洪能够分得多少，就只抄他自己那一份，只治他的罪就可以了。"面对这样的宽赦，郑氏家族的大家长赶紧将家产数目据实相报：家中有兄弟二十五人，财产是按照二十五人平均分配。最后，官府只将郑洪那一份家产清查，押送到京城。这样一件大案子，郑氏家族除了郑洪被判刑外，没有受到任何责罚。

一波未平，一波又起。郑氏家族又与明初大案——"胡惟庸案"牵涉在了一起。胡惟庸是明朝的开国功臣，深受朱元璋的宠信，官至百官之首的丞相。但随着权力的增大，他便日渐骄奢跋扈起来，《明史》将他放在了列传奸臣一类中。据记载，一些关于生杀罢黜等朝廷大事，他竟不上报朱元璋便自行决定；垄断权力，消灭一切对自己不利的奏章；贪污受贿，甚至还私自截下皇帝的贡品；谋害忠臣，结交叛逆……过大的权力，让胡惟庸无恶不作。然而，纸终究包不住火，1379年，胡惟庸隐瞒外国进贡之事，没想到被朱元璋身边的太监发现，事情败露。朱元璋大怒，将涉案人员全部关押起来。这一案件成为胡惟庸案的导火索，不仅他之前的一些叛逆之事被揭开，其他官员也终于可以不用担心因告发他而被谋害，纷纷指出他的罪行。

这样一个威胁皇权的臣子，朱元璋怎可留他？1380年，胡惟庸及与他相关涉案人员被诛杀。然而，这一案件并没有就此结束，之后不断有人揭发胡惟庸的其他罪行，以及与胡惟庸有关的人员。朱元璋亦因此案大发雷霆，为斩草除根，肃清叛逆，先后诛杀三万余人，其余波长达十年之久。此案牵连甚广，而被诛杀的人中不乏其他开国功臣，甚至是朱元璋自己的至亲，如他的外甥李文忠、侄子朱文正等人。可见，朱元璋对此案的重视和严惩不贷。一时间，大家听见“胡惟庸”三字都唯恐避之不及，因为与他有一点点关系的人，基本全部被诛杀。

1381年，有人向官府报告，说胡惟庸曾将三千贯钱寄放在郑义门中，郑氏家族与胡惟庸有勾结，应该问罪郑义门。

与胡惟庸扯上了关系，郑氏家族还会幸运地逃脱刑罚吗？

第六节　王朝的恩宠之封赏与赦免(下)

因为他人的状告，办案官差来到郑氏家族，欲带走相关涉案人员。为了保全其他人，郑氏家族八世孙六人都争抢着承担责任，想让官差把自己带走。郑濂的弟弟郑湜（shí），字仲持，最后劝退了其他兄弟，自己挺身而出，被官差押解至京城。这一别，也许就是天人永隔，郑氏族人无不悲伤和担心。不过，意想不到的事情又发生了！

郑氏家族发生这件大事时，正巧郑氏家族当时的主政人郑濂在京城。听说了这件事情的他，早已经坐立不安，却无计可施，只能等着郑湜被押送到京城。于是，郑濂等候在城门口，期盼快点见到弟弟。终于，在焦急地探头张望时，戴着镣铐的郑湜进入了他的视线。郑濂赶快迎了过去，望着弟弟一脸的憔悴，郑濂心痛至极，连拉住弟弟的双手都在颤抖。他对弟弟说："应该我去承担罪过，你不要再管此事，我是兄长，又是当家人，我为家族负罪，责无旁贷。"听到兄长要去认罪，郑湜赶紧阻拦说："兄长您已经年老，经不起折腾，再说家里也离不开您，我自己去前往辩罪就好，我会没事的。”

二人互不退让，争着让官差把自己关进牢狱。官差不知如何是好，只得向上禀告此事。事情传到了朱元璋的耳朵里，朱元璋却命人将郑家两兄弟带到了他的面前，他说：“郑氏家族是孝义、善良之家，你们兄弟二人又如此友爱，怎么可能会与胡惟庸这样的奸臣一起叛逆呢？定是逆臣胡惟庸想要谋害你家，才故意把这三千贯钱放到你家，等多年之后，便可以从你家多多地捞利息，甚至把你家所有财产都纳入囊中。如今，你们把那三千贯钱还了便是，朕会赦免你们的罪名。你们这样的忠义人家，更应该多多出来做官，为其他官员树立忠义的榜样，就会减少胡惟庸这样的佞臣了。你们推荐几个族人出来做官吧！”

后来，郑湜没有获罪，反而被擢升为左参议，负责协助朝廷内外消息的上传下达，奏报民情等事宜。郑湜还举荐同郡县王应等五人，他们也都被任命为参议。众人都以为郑湜必死无疑，没想到事情却大逆转，不但没有获罪，还被封了官。这样的圣宠，恐怕也只有郑氏家族能够有幸获得了。而且，这种幸运还在继续上演。

1385年，又有两个案件牵涉到郑氏家族。一是应天府管理贮藏谷物的仓官童仲圭状告郑氏家族不遵守法纪，欠交粮食两千五百石；二是浦江县的官员蔡贞状告郑氏家族贪污钱财。在第一个案件中，郑氏族人郑梃被押解到京城，第二个案件发生后，又将郑氏家族当时的主政人郑濂召到京城。郑氏家族的事情，无论大小，总能引起朱元璋的重视，他决定亲自审理这两起案件。

关于粮食的案件，郑氏家族表示自己是受到了诬陷，便与童仲圭在朱元璋面前对质，但童仲圭始终不承认自己诬陷了他们。郑氏族人该怎样面对这样的僵局呢？朱元璋再次为郑氏家族“伸张正义”，命令身边的太监掌嘴童仲圭，又施以杖责。这多少都有些想要屈打成招的意思，无奈童仲圭还是个硬骨头，朱元璋只能将他发落到皇帝最信任的军政特务机构锦衣卫，再次审问。直接听命于皇帝的锦衣卫，自然能领悟皇帝的意思，审问结果便是童仲圭诬告郑氏家族。

接着，朱元璋又问郑家人：“你们贪污的钱在哪里？”郑濂回答：“臣赶来匆忙，钱随后便送来。”朱元璋说：“你家同居共食，钱是属于你们家族的，不是你一个人的。你家孝义感天地，足可以弥补这些小过失，朕赦免你们无罪。”结果，朱元璋不仅赦免了郑氏家族的刑罚，还把送来的钱又归还了郑氏家族。郑氏家族到底是不是被诬陷有待考证，但朱元璋对郑氏家族的偏袒真的是显而易见。

1390年，郑濂又被卷入拖欠粮款一事中。朱元璋听闻郑濂在被审讯的名单之中，又亲自做出批示：“郑氏家族是孝义的典范，不会侵害百姓，贪占官粮，稍迟些，将郑濂释放了吧。”1406年，朱棣在位时，浦江人陈忠告郑氏家族私造军火。这可是谋逆的大罪，有满门抄斩的可能。当时郑沂官任礼部尚书，在皇帝面前为郑氏家族做着苍白无力的辩驳：“郑氏大家长与这件事毫无关系，臣作为礼部官员，却未能使族人遵守国法，实在是罪该万死。”结果，朝廷没有对此事深加追究，再次赦免了郑氏族人。

郑氏家族树大招风，牵涉数起案件，却能够屡次逢凶化吉，这是为什么呢？

首先，郑氏家族人口众多，又长期接触权力，因此，郑氏家族在一些案件中确有犯错是不可否认的事实。但以孝义治家的郑氏家族一直努力严于律己、兄友弟恭也是事实，在大部分案件中，他们确实也是清白的。但一个人犯错就是犯错，必须受到惩罚，无论之前有多么孝义、善良，都抹杀不了犯错的事实。郑氏家族在真的犯了错的情况下还能得到赦免，这是明朝统治者为了维护社会的礼法秩序而做出的让步。

其实，从明朝建国初期，朱元璋就着力将郑氏家族作为全国践行儒家伦理道德的榜样，以发展孝义之家，在社会上宣传传统道德，维护自己的统治。郑氏家族作为明朝统治者一手培养起来的全国典范，如果获罪，岂不是搬起石头砸自己的脚，而且自己辛苦宣传的社会道德也会因此受到质疑，导致统治不稳。因为这一系列的利害关系，即使郑氏家族真的犯罪，朱元璋等明朝皇帝也愿意选择赦免郑氏家族。

三朝恩宠，同居到第九世的郑氏家族发展到鼎盛，因此，有对联曰：三朝旌表恩荣第，九世同居孝义家。

三朝旌表

第三章

毓秀鸿儒，书声满院

子曰：“弟子入则孝，出则悌，谨而信，泛爱众而亲仁。行有余力，则以学文。”躬行孝友、忠义的郑氏家族，从来都没有忘记教育的重要性，当家族摆脱贫穷后，为了更好地教育子孙，造福乡里，东明书院得以建立。有句话叫做“树直用处多，人直朋友多”，这样一个文化气息浓厚的孝义之家，有谁能不愿意与之成为朋友呢？元明时期的很多文化名人都是这个魅力之家的好友，而郑氏家族亦因这些名师巨儒而名气大增。

第一节　阵阵书声山上来

茫茫竹海，苍翠欲滴；春花秋叶，碧水鸣涧；山峦叠翠，峰回路转……一阵阵琅琅的读书声便从这样的如画美景中传来。

百年大计，教育为本。教育不仅决定一个国家发展的未来，也关系一个家族的兴衰成败。五世祖郑德璋，作为郑氏家族走向“九世同居”兴盛局面的关键人物之一，不仅在家族内部开始制定治家准则，更深谋远虑地推动了郑氏家族的教育大发展，建立了乡里私学——东明精舍，后来发展为东明书院。

书院的名称始于唐代，最初只是官府藏书、校书和私人读书的地方，还不是真正的教育机关。它发展成为正式的教育机关主要有两种途径。一是官办的书院，由官方藏书发展为校勘书，进而给皇帝讲解书，如唐代的丽正书院。二是民间私人设置的书院，开始只是个人读书的地方，进而发展到讲学、聚众读书。书院以私人创办为主，创办人多是一些名师巨儒或地方官吏，他们自行筹款，并大都选择在环境清幽、风景俊秀的山林之中，建立学舍，置办书籍。后来，得到官方的承认、支持或资助。

书院在宋代开始兴盛，其中也有义门家族兴办的书院。有的义门收集书籍上千卷，以供求学者使用，家族子弟年满二十岁，都被要求进入书院学习。其中胡氏家族所创办的华林书院，就是古代义门家族书院的典型。

华林书院位于今江西省高安市。据《宋史》记载，从唐末到北宋中期，胡氏家族一直是累世同居的大家族，人口达数百人。984年，负责管理当时国家最高学府国子监事务的胡仲尧，在华林山庄园建造学舍，购置收集了上万卷图书，并设置大厨房和粮仓，以延请四方的游学之士来学堂交游讲学。这样的书院，必然需要雄厚的经济力量支持，而对于胡氏家族来说，他们恰好具有这个能力。主要有两点原因：首先，胡氏家族耕读传家，有大量的田产祖业作为经济来源；其次，作为义门，朝廷对胡氏家族进行封赏，并减免赋税劳役。985年，胡氏家族被旌表为义门。

家族书院又有什么特殊的功能呢？第一，宣传儒家孝悌伦理，维护家族内部的团结，缓解家族内部的矛盾。因为要维护一个大家族的生存并非易事，需要解决各种各样的矛盾，一家之长必须在族人的思想精神方面下功夫。因此，主张孝悌，强调长幼有序的儒家伦理道德最适合来教育约束家族成员，这就成为家庭办学的重要目的。第二，培养家族子弟进入仕途，进一步壮大家族力量。华林书院为宋朝培养了大批人才，胡氏家族仅在宋朝就有近百人做官。第三，为家族建立广泛的人际关系。到华林书院游学的人，不仅包括已经成为名师巨儒的学者，还潜藏着很多未来的名师、官员，这些人都可以成为胡氏家族以后可以利用的资源。

郑义门，一个比胡氏义门规模更庞大的家族，同样也意识到建立家族书院的重要性。而且已经有胡氏家族华林书院为先例，我们可以想象到，东明书院也将成为郑氏家族走向兴盛的关键因素之一，必定会进一步强化郑氏家族的孝义之风，也将为其培养大量走向仕途的族人和广大的人际关系网。

郑氏家族发展到五世祖郑德璋时，已经初具规模，家产殷实。此时，早已摆脱贫穷的郑氏大家长郑德璋，也有精力和财力来更加重视家族子弟的培养。家族多人同居共食，矛盾纠纷更容易发生；而且家族子孙之前一直潜心发展家族经济，有些忽略读书学习，有的甚至失学在家，致使子孙轻视了家族礼法，滋生事端。郑德璋为此忧心忡忡，如此下去，必然导致家族分裂，这就违背了祖先同居共食的遗训。郑德璋因此对家族发展进行了反思，并积极地寻找对策。经过慎重的思考，郑德璋决定创建学堂，对家族子弟进行道德伦理教育，维护家族孝义同居的生活方式。

经过对前人创办学堂经验的学习，郑德璋想到自己首先应该寻觅一个合适的学堂建址。他不辞劳苦地将郑宅附近的山林巡视了一遍，最终决定在距家一里左右的东明山上建造学舍。此处有林有水，耳目所及之处，非白石即清泉。这样一个环境清幽、离家又近的地方，是郑德璋用了心进行选择的，而学舍根据山名取名为“东明精舍”。同时，郑德璋也在家族中立下规矩：年满十六岁的郑氏子孙，必须前往东明精舍接受教育，完成学业。因为郑德璋创建的东明精舍，郑氏子弟更加笃行儒家礼制，郑家大宅内无处不弥漫着浓烈的孝义之风，这为郑氏家族成为全国有名的孝义之家奠定了基础，并引起元王朝统治者的关注，才有了以后的义门旌表。

郑德璋起初建立的学舍较小，实际上就是一个家族私塾，聘请一个老师带着家族中的孩子学习。到元朝中期之时，郑德璋的儿子郑文融成为大家长，此时的郑氏家族因为长期稳定的发展，财产增多，人口也进一步壮大，原来的东明精舍便显得过于狭小，容纳不下郑氏家族的学龄子弟。而且，郑文融认为义门家族有造福乡里的责任，这个学堂不能只让本族子弟学习，也应该招收外部子弟。因此，郑文融在原来的基础之上，将其拆建扩充。扩建后的学堂，具有了一个书院的初步规模，除了浴室、厨房等生活用房，有房屋二十余间。其中有四个斋房用做住宿，而学生学习的主要房间都被冠以非常雅致的名字，如讲解学问之处在敬轩，学习鼓琴之处在琴轩，课间休息之处叫游泳轩。除此之外，郑文融还自编教材，将家族“孝义”作为书院的教育重点。这些教材包括郑氏家族的家训《郑氏规范》，集自宋以来各学者为郑氏家族撰写、赠送的序、题跋而汇编的《麟溪集》等。

东明书院在教材选择方面，为了培养子孙遵守伦理道德，儒家的“四书”“五经”自然是不可缺少的，另外，除了郑氏家族自己的著述外，还包括宋濂等名儒自己的理论观点，比如《宋文宪公全集》等。

在管理方面，东明书院也有自己的一套详细的规定和章程。《东明书院章程》规定：书院主讲即为院长，当时称山长，负责总体管理督查、教学；设立监理，由对书院贡献多的家长或其后代子孙担任，负责监管书院各项事务；设管理职位四人，三年一换，管理人需在每个年底进行财务核算。大家分工明确，各司其职，促进了东明书院的高效运行。

在学生学习生活方面，也有相关的规定，《郑氏规范》要求族人五岁开始学习礼仪；八岁入小学；十二岁到外求学；十六岁入大学，即入书院学习。学习内容以孝悌忠信为主。书院对学生身份没有限制，平民子弟都可以来学习。学生在开学时，要进行祭祀。与其他书院相同，孔子、孟子等先贤圣哲是祭祀的对象。但东明书院还有自己的特点，就是祭祀曾在东明书院讲学、为东明书院做出过突出贡献的义门名师，宋濂过世后，就成为东明书院师生祭祀的对象。

作为书院存在的基础，在经济来源方面，东明书院也有自己固定的教育基金，这些主要来源于本族子弟对书院的捐献。郑氏子孙郑郁兄弟身先士卒，捐出六十余亩田地和黄金百两。有了一个好的带头示范作用，其后族人无论贫富，都踊跃捐献。这些资金除了用来修建书院外，剩余的田地用来收取田租，供书院日常花销。

对东明书院的一系列改进措施，使它成为浦江一带小有名气的书院，郑文融也因此延聘到当时有名的硕儒名师，比如前期的吴莱、柳贯，以及后来的宋濂、方孝孺等人。刘禹锡曾在《陋室铭》中说："山不在高，有仙则名；水不在深，有龙则灵。"这些著名学者对于东明书院来说，就是"仙"和"龙"，而东明书院相比陋室就是豪宅了。这样的强强搭配，使东明书院可谓如虎添翼，名声大噪，吸引了更多学子和名师。

然而，到了明朝初期，朱元璋征集天下人才，尤其是江浙一带的名师都被请到朝廷辅佐朝政，东明书院中的主要人物宋濂就在其中。书院因为少了这些名师，名气渐弱。之后，宋濂的孙子因涉及胡惟庸案件被诛杀后，以及方孝孺因得罪皇帝朱棣被杀后，与他们关系甚密的东明书院也因此受到朝廷的压制。至明朝中期，东明书院因遭到兵火而被损坏。直到乾隆年间，浦江县的知县非常重视教育，郑氏子孙积极响应，族人一起捐资重建书院，并正式改称“东明书院”。1912年，东明书院改为东明高等小学。新中国成立后，改名为浦江县郑宅乡中心小学。

至此，东明书院历经辉煌与沧桑，百年而不废，成为郑氏家族的标志之一，也为国家教育事业做出了重要的贡献。

其实，东明书院得以建立的原因同华林书院相同，依靠义门家族的土地财产和朝廷的优免政策。同时，义门家族书院的功能在郑氏家族身上也更加突出地显示出来：

首先，加强并宣传了郑氏家族的孝义之风。虽然东明书院设立的主要目的并不是让子孙进入仕途，但因为郑氏家族的孝义，很多子弟都因此被举荐入仕，比如郑沂、郑济等人。同时，东明书院对孝义之风的重视更引起了元明统治者的关注，元朝太子之所以为郑氏家族题匾“麟凤”，有一部分原因就是因为求学于郑氏，对郑氏的家风有了了解，赞叹不已之余，才专门写下“麟凤”二字赐予郑家。“麟”为传说中的百兽之王麒麟，“凤”是百鸟之王凤凰，凤毛麟角均属第一，这无疑是对整个郑氏家族的

麟凤

肯定。

其次，东明书院的很多名师学子后来都进入朝廷为官，或是与朝廷联系密切，成为郑氏家族发展的强大助力。其实，郑氏家族能够获得元明统治者的重视，不仅仅因为它是义门同居，有利于维护政权的稳定，还有一个很重要的原因，那便是在当时社会中，这些与郑氏家族关系亲密的著名儒学大家对郑氏家族的支持，比如东明书院的两代主持人宋濂和方孝孺。东明书院将郑氏家族与这些名儒联系起来，加之江南出才子，当时的儒学大家很多又出自江浙一带，他们与处于浙江浦江的郑氏家族有着密切的地缘关系。这可真是亲上加亲，东明书院作为一个桥梁，让郑氏家族一步步通向家族兴盛的巅峰。

“风声雨声读书声声声入耳，家事国事天下事事事关心。”对于郑氏家族来说，一个东明书院，真的是集合了家事、国事、天下事，其兴衰成败也与郑氏家族的命运息息相关。

第二节　东明书院的镇院之宝

山，因为有了鸟儿才欢快；水，因为有了鱼儿才灵动。现在提起东明书院，可能大家都未有所闻，但元明时代的它曾大放光彩，因为它有一个镇院之宝。

郑文融在扩建东明书院后，吴莱、柳贯、黄溍作为第一批名师被聘请到东明书院讲学。其中吴莱就是元朝丞相脱脱的老师吴直方的儿子，浙江浦江人，字立夫，别名来凤。他曾短期为官，后来归隐山林，专心致学，被人称为浦江大儒，是这三人中名望最高的。吴莱执教于东明书院，与柳贯、黄溍一起协助郑文融制定了五十八条家范。同时，吴莱也成了一块活字招牌，使东明书院顿时声名远扬，很多外地学子慕名前来求学。在吴莱主持东明书院的第二年，他为东明书院吸引来一个重要人物，而这个人物与东明书院和郑氏家族未来的兴衰成败有着解不开的关系。这个重要人物是谁呢？

他就是宋濂。宋濂，字景濂，原为浙江金华人，后迁至浦江。他幼时家境贫寒，却聪敏好学，通晓“五经”。我们都很熟悉的课文《送东阳马生序》中，宋濂这样评价自己：“余幼时即嗜学。家贫，无从致书以观，每假借于藏书之家，手自笔录，计日以还。天大寒，砚冰坚，手指不可屈伸，弗之怠。录毕，走送之，不敢稍逾约。以是人多以书假余，余因得遍观群书。”宋濂“既加冠，益慕圣贤之道 ，又患无硕师、名人与游，尝趋百里外，从乡之先达执经叩问”。这样不辞劳苦、到处求学的宋濂，听说浦江郑氏的东明书院有吴莱这样的大儒，他自然不能错过求学的好机会，便收拾行李干粮，前往东明书院。

宋濂的聪敏好学，得到吴莱的赞扬和欣赏。无论是在泉水旁，还是石凳边，经常能看到二人在东明书院内切磋学问，成为东明书院内一道亮丽的风景线。既然来到了东明书院，宋濂希望自己能集众家所长，因此，他还拜柳贯、黄溍为老师。柳贯，字道传，黄溍，字文晋，二人同为浙江人，与吴莱是同门。柳贯与黄溍学识渊博，在文学、书法、绘画等方面都有所建树，称得上是全才，元代“儒林四杰”中的“两杰”便是此二人。但据《明史》记载，柳贯和黄溍两人虽为宋濂老师，但都认为自己不如宋濂，学识逊色。得到这三位大家的认可，已经可以预见，宋濂的前途不可限量。

作为吴莱门下的得意弟子，当吴莱年迈而无法再主持书院时，便打算将自己投入无数心血的东明书院托付给宋濂。因此，他向郑氏家族的大家长郑文融推荐宋濂。宋濂的才学在东明书院已经无人不知，况且还有吴莱的推荐，郑文融当即同意。从此，东明书院进入了宋濂时代，也进入了最辉煌的时代。而郑文融和其他郑氏族人都不曾想到，当年那个不为人知的小人物宋濂，将在历史上留下浓墨重彩的一笔，也将成为东明书院的镇院之宝。

宋濂在东明书院一教便是二十多年，直到明初，他的才识受到了朱元璋的赏识而入朝为官，不得不离开东明书院。为官期间，他参与制定明代法律，修订史书。他为人忠厚直言，得到朱元璋的信任和赏识，成为明朝建国初期的重要谋臣。而他的文采更是得到众人的认可，每到国家举行典礼，都让他来撰写发言词，许多士大夫接踵来访，希望能求得他的文章。因此，宋濂成为东明书院培养的最杰出的人才之一，是东明书院的最佳代言人。

宋濂对东明书院的感情也同样深厚。乱世之际，东明书院为宋濂提供了一个安心修习学问的场所，宋濂因此学问更佳，名气更大，为他以后入仕并得到“开国文臣之首”的美名奠定了基础。因此，宋濂在辞官之后，仍然回到了东明书院，讲道授业。宋濂当年曾在书院附近的郑祠内亲手种植柏树十二棵，沧海桑田，如今六百多年已经过去，仍然有九株柏树赫然屹立，后人作诗云：“宋濂讲学主东明，广被春风化育英。六百年来凭展望，苍苍古柏吊先生。”

宋濂在东明书院执教二十多年，主要为东明书院做出三大贡献。

首先，宋濂为郑氏家族培养了大批人才。《明史》记载，郑氏家族子孙郑洧、郑泳、郑济、郑棠等人文学素养颇深，都有专著诗词留于后世，比如郑泳的《郑氏家仪》。而郑沂等人被举荐为官，受到明朝的重视。这些郑氏子弟都是受业于东明书院，是宋濂门下的学生。

其次，宋濂使东明书院的名气大增，吸引并培养了很多社会人才。宋濂执教东明书院时，正值元末明初战火纷飞之际，但在竹林深幽的东明山上，宋濂在此修身养性，钻研学问，让东明书院在这乱世之中成为一处人间圣地。因此，更多怀揣着大志向和抱负的学子前来求学，构成了东明书院众多人才的一部分，比如后来明代有名的大臣、学者方孝孺。

最后，宋濂参与制定了《郑氏规范》，并将自己很多儒学复古思想渗透其中。《郑氏规范》作为东明书院的教材，加强了郑氏族人对孝义的理解与实践。同时，宋濂也将自己一生所学知识毫不保留地献给东明书院，其《宋文宪公全集》也成为东明书院的教材。

《明史》中记载，宋濂容貌大气，有美须，一生中不曾有一日离开过书卷，无所不通，文章深邃，被推为明朝开国文臣之首。东明书院得此一宝，怎能不兴盛？所以，宋濂被召入朝廷为官后，东明书院的名气也渐渐减弱。宋濂对东明书院的重要性由此可见。

由于宋濂对东明书院的卓越贡献，在他去世后，东明书院的师生在每次开学时，除了要祭祀孔孟等圣贤之外，还要特别将宋濂的遗像拿到书院大厅，为他举行和圣贤一样的隆重祭祀。而每年到了宋濂的生辰时，书院的师生也要为他祭奠。

宋文宪公祠

宋濂与东明书院，你中有我，我中有你，东明书院成就了宋濂，而宋濂更成就了东明书院。

第三节 谈笑有鸿儒

如果是天籁之音，就会有人欣赏；如果是满园春色，就会有人驻足。美好的事物从来不缺少观众。

郑氏家族这样的孝义之家，自然也不会缺少良师益友。在这些亲友中第一个当属方凤。

元初，在东南沿海一带，有一批宋朝遗民诗人，他们的诗歌慷慨沉郁，表达了坚贞的民族气节。其中有一个很突出的人，他便是方凤。他生于宋末内忧外患之际的一个没落的官吏之家，字韶卿，号岩南，浦江人。宋朝灭亡之后，他无意入仕服侍元朝，决定在浦江醉心文学，借以抒发民族情怀。最初，他和朋友成立了一个叫“汐社”的遗民诗社。后来，与他同样在宋亡后隐居不仕的浦江人吴渭，创办“月泉吟社”，方凤被邀请去担任评论人。一个月泉吟社，也将很多名师大儒与郑氏家族联系在了一起。

据毛策对浦江郑氏家族的研究，方凤不仅在吴莱的父亲吴直方创办的吴氏书塾中担任过教师，还曾是郑氏家族的塾师，与郑氏家族来往密切。方凤的四女儿还嫁给了郑氏子孙郑杖，因此，方凤与郑氏家族的关系是好友加姻亲。月泉吟社就在郑宅附近，它以《春日田园杂兴》为题征集诗歌，得到各界人士的积极响应，活动空前盛大。毛策认为虽然没有资料显示郑氏族人是否参加了这次活动，以及在此次活动中的作用，但凭借郑氏家族与方凤的亲密关系，郑氏族人一定会参加这次盛事，也因此与更多文人相识，开启家族的“同题集咏”和以家族为中心的诗歌活动。

何谓“同题集咏”？元明时期很多文人都喜欢结社与宴游，在活动中人们不仅在桌上摆放杯盘瓜果，也放置笔墨纸砚，他们常常因兴致所至而对同一主题进行赋咏联唱，这种形式被称为同题集咏。而地方人物经常成为文人集咏的主题，郑氏家族的人物和事迹便因此机会得到各文人的作诗吟诵，使家族的发展史、孝义家风和感人事迹得以被广泛地传播和宣传。郑氏家族因为这次活动获得了强大的媒体势力，为郑氏家族未来获得朝廷的重视和旌表创造了强大的声势。《麟溪集》作为郑氏家族留下的重要文献，就收录了很多关于吟咏本家族的诗歌，毛策认为这就是当时文人“同题集咏”的作品。

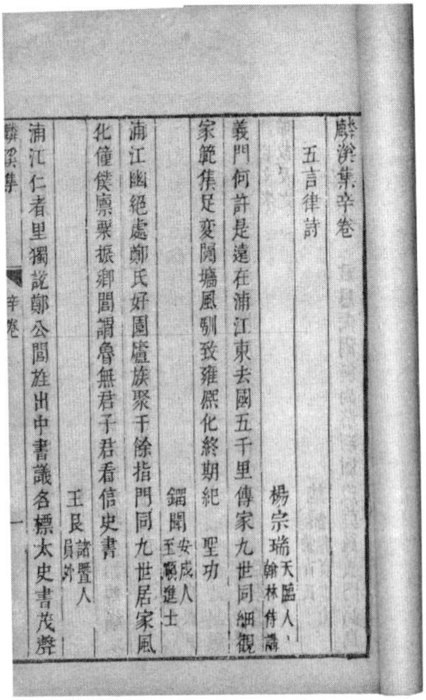
麟溪集辛卷
五言律詩
楊宗瑞 天臨人，翰林侍講
義門何許是遠在浦江東去國五千里傳家九世同細觀
家範集足變閭墻風馴致雍熙化終期紀 聖功
錙閩 安成人，王顧進士
浦江幽絕處鄭氏好園廬族聚千餘指門同九世居家風
化僮僕廩粟振鄉閭謂魯無君子君看信史書
王良 諸暨人，員外
浦江仁者里獨說鄭公閭旌出中書議名標太史書茂齊
麟溪集 辛卷 一

麟溪集

第一个是和郑氏家族关系密切的方凤。他和儿子方樗（chū）都曾为郑氏家族题过诗。在《方凤集》中，就有一首方凤为郑氏家族作的诗，题为“题郑氏义门”，其中有诸如“麟溪有寒泉”“六世孝友家”等对郑氏家族的描述。同时，方凤为郑氏家族带来的不仅是诗文上的宣传，以方凤作为起点，他就像一张网一样，为郑氏家族牵引了很多名儒学者，诸如吴莱、柳贯、方孝孺等，这些人都直接或间接与方凤有关系。而这些人对郑氏家族东明书院的发展、《郑氏规范》的制定，乃至郑氏家族与王朝的联系上都起到了关键作用。

第二个当属吴莱和他的父亲吴直方。据《新元史》记载，吴直方，字行可，浙江浦江人，是月泉吟社发起人吴渭的侄子，在浦江之时与方凤等名儒来往频繁。虽然家贫，但他志向宏伟，勤学苦读，后来游学于元朝京师大都，并进入朝廷做官，官至集贤院大学士，掌管学校、召集贤良、祭祀占卜等。吴莱是吴直方的儿子，方凤的学生，其学识成就高于父亲，但他选择隐居于浦江，后来成为郑氏家族东明书院的主持人。吴氏父子因为方凤的关系，又同为浦江人，因此与郑氏家族有了密切的关系。

吴莱曾经为郑氏家族及族人题过多首诗文、序和记等，如《郑氏谱图序》《冲素处士赞》，诗句“祖孙九世类一日，聚族千指通昏晨”等，字里行间都透露着对郑氏一族的赞扬。吴莱与东明书院的关系密切，并为郑氏家族吸引来宋濂这一明朝开国文臣，他对郑氏家族的影响已经不言而喻。

吴莱的父亲吴直方对郑氏家族又有什么影响呢？这要从吴直方与元朝著名军事家、政治家脱脱的关系说起。吴直方游学京师，几经辗转，因其学识丰富，成为蒙古贵族脱脱的老师。脱脱后来入朝为官，官至丞相。吴直方作为他的老师，被脱脱引荐入朝为官，脱脱更常常就朝事请教于他，因此，吴直方也成为脱脱的心腹幕僚，为他出谋划策，是对脱脱颇有影响力的一个人物。

在元朝时期，著名丞相脱脱为郑氏家族题写“白麟溪”后，使郑氏家族开始得到元王朝的重视，逐渐飞黄腾达。而脱脱为什么就注意到了郑氏家族呢？吴直方是其中一个关键的原因。吴直方用自己的儒学造诣影响着脱脱，使脱脱相对于其他蒙古大臣更关注儒家文化，他相信儒家推行的仁孝、礼制可以治天下。当他出任丞相后，便注重利用儒家道德礼仪来推行政令，移风易俗，并时常问政于吴直方。出身浦江的吴直方因为方凤和儿子吴莱的关系，还有诸大家名儒对郑氏家族的“同题集咏”，因此对郑氏家族孝义同居的事情早有耳闻，并大为赞叹。他认为，若能以郑氏家族一家孝义之风推及天下千万家，那么整个社会便可民风淳厚，稳定有序。

于是，吴直方以郑氏家族为伦理道德的治家典范推荐给脱脱，郑氏家族也由此进入了脱脱的视线。后来，吴直方在回家省亲之际，亲自到了郑氏家族，考察有关郑氏家族孝义的传闻是否属实，以自己亲眼所见，向元朝统治者推荐郑氏家族。正因如此，脱脱才亲自为郑氏家族题词，还将其写入由自己修撰的《宋史》中，元朝才将郑氏家族作为全国的榜样进行旌表。吴莱的学生郑深和郑涛，因为吴直方的关系都深得脱脱器重，郑深还被聘为脱脱儿子的老师。

第三个郑氏家族的好友就是方孝孺。方孝孺，字希直，浙江宁海人。《明史》中记载，方孝孺自幼机警聪敏，双目炯炯有神，每日读书的页数都能超过一寸厚，乡亲们都称他为“小韩子”。“韩子”是后人对唐代著名文学家韩愈的称呼，韩愈学术造诣很高，明代人把他推为“唐宋八大家之首”。方孝孺能够得到“小韩子”这样的称呼，可见方孝孺的学问深厚和对读书的热爱程度。他久闻宋濂学富五车，长大后正巧听闻宋濂辞官返回东明书院教书，便赶快来到郑氏东明书院求学。宋濂没想到在自己六十多岁高龄之际，收到了他一生最为得意的徒弟，而郑氏家族也收获了又一位挚友。

方孝孺跟随宋濂学习，两个志同道合的人每每探讨学问，便忘记了时间，真的有种相见恨晚的感觉。在宋濂的教导下，方孝孺的学问日渐增长，可以在东明书院独当一面，而在收获与宋濂的师生情之时，他也收获了与郑氏族人深厚的友谊。郑氏九世孙郑楷与方孝孺师出同门，友情甚笃，经常秉烛夜游，吟诗对唱。在一次夜游中，方孝孺曾赞书院一带夜景：“时雨新霁，水循石行，注于溪潭，游鱼相追逐。”用这样轻松的笔调来描写溪水、游鱼，可见当时他与郑楷吟诗作唱，心情甚好。这样的友谊在如此清新美景中更见纯真。

方孝孺在他的一生中为郑氏家族撰文多篇，如《麟溪集》中收录的《郑氏四子加冠祝辞》《祭郑仲舒太常》等，其中含有多篇对郑氏家族的赞诗，比如在朱元璋题给郑氏家族“孝义家”三个字后，方孝孺便趁热打铁对郑氏家族大加赞扬，题诗《题赐孝义家三大字》，用“史官不用春秋笔，天子亲书孝义家”这样的诗句毫不吝啬地赞美郑氏家族。方孝孺这样不遗余力地为郑氏家族造势，让郑氏家族的名声进一步远扬。

跟随宋濂学习几年后，方孝孺因学问、人品受人称道，被举荐至京城，后来入朝为官。朱元璋的孙子朱允炆登基后，经常向方孝孺请教读书问题和国家大事，方孝孺因此成为明朝一代大臣。同时，方孝孺也成为继宋濂之后与郑氏家族关系密切的又一位朝廷重臣，提升了郑氏家族的社会地位。

实际上，郑氏家族的好友不仅数量多，而且类型广，有名儒、文学家、官员和医学家等，基本网罗了江浙一带所有的名师大儒。比如方凤的另两位徒弟柳贯、黄溍，与这二人并称为元代“儒林四杰”的虞集、揭傒斯；在明代国家最高学府国子监掌管学规、训导的浦江人张孟兼；元代著名医学家朱丹溪……这一群人为郑氏家族撰序作文，是郑氏家族成为伦理道德典范的强大舆论力量和支持者。如柳贯为郑氏作《郑氏旌表义门记》等，揭傒斯的《揭文安公集》中有很多关于郑氏家族孝友事迹的记载……来往皆名人，谈笑皆风雅，郑氏家族的孝义之风使其结交了这些好友，这些好友亦使郑氏家族对孝义的理解更加深刻，也使郑氏家族的名声与社会地位更上一层楼。

桃李不言，下自成蹊。郑氏家族因为自己的孝义，拥有一个广泛的朋友圈是自然而然的事。人们经常说，“你是什么样的人，就会结交什么样的朋友”，郑氏是孝义之家，就会有诸如方孝孺等正直忠义的朋友。

第四章

你若盛开，蝴蝶自来

有一个人，与郑氏家族的兴衰密不可分，他就是宋濂；有一个家族，与宋濂的飞黄腾达密不可分，那就是郑氏家族。对郑氏家族来说，宋濂曾为其出谋划策，培养人才，并提携郑氏族人；对宋濂来说，郑氏家族亦是他韬光养晦，明德养身的地方。双方是互惠互利、相互依存的关系。有书记载言："有宋濂不可无义门，有义门不可无宋濂。"

第一节　有朋自远方来

有一种魅力，让人心怀向往；有一种情意，即使远隔千山万水，也让人不辞劳苦地奔赴之。这就是郑氏家族的魅力，宋濂的情意。

“与善人居，如入芝兰之室，久而不闻其香，则与之化矣。与不善人居，如入鲍鱼之肆，久而不闻其臭，亦与之化矣。”一个好邻居就如香草，只要接近它，就会濡染香气。

因此“居必择邻，交必良友”，“孟母三迁”的故事就证明了一个好邻里的重要性。被称为“亚圣”的孟子，名轲，是仅次于孔子的儒家代表人物之一，他所取得的成就，与他母亲对他小时候的教育是分不开的。孟子从小丧父，与母亲相依为命，后人都称孟子的母亲为“孟母”。孟母是一位坚贞又充满智慧的女性，她一人担负起养家的重责，却没有因为忙于生计而忽略了对孟子的教育。

一日，孟母看见孟轲与邻居家的孩子打架，孟母在严厉批评了孟轲的同时，自己也进行了反思：一个巴掌拍不响，孟轲自己的确有错，但若是邻居家的孩子能够明辨是非，两个人也不会打架。自己每天为养家而奔波，无法抽出更多时间教育孟轲，看来必须得有一个好的环境，才能使孟轲向好的方向发展。于是，孟母把家搬到了人烟稀少的荒郊野外，希望孟轲能沉下心学习。没想到当附近的墓地有人下葬时，孟轲就跑去观看，还模仿起哭丧之事。孟母摇头，决定搬家，将住所选择在了集市旁，结果孟轲又学起了商人吆喝贩卖的事情。孟母叹气，无奈地收拾家当，再次搬家，这次，孟母将家搬到了学宫附近。学宫里，有贵族子弟学习礼仪和文化知识，孟轲在附近玩耍时，不知不觉也跟着学会了行礼跪拜等礼仪。孟母感慨地说："这才是适合孩子居住的地方啊！"从此，孟母带着孟轲在此定居下来。后来，孟轲努力学习，成为中国古圣贤之一。

"孟母三迁"的故事告诉我们，拥有一个好邻居，才能有一个成长、生活的好环境。对于宋濂来说，如果能够与郑氏家族成为邻居，便能每日感受孝义之风的吹拂，那一定是他人生一大幸事。

宋濂小时候居住在浙江金华潜溪村。十九岁时，他开始外出跟随老师学习。后来，宋濂听说吴莱在浙江诸暨的白门义塾教书，便负笈前往求学。他与郑氏家族的缘分也就此开始。

此时，郑氏家族八世孙郑涛和郑深也在白门义塾中，求学于吴莱。宋濂在这里学习了一年，因此与郑家兄弟二人有了一年的同窗之情。想要博采众家之长的宋濂一年后又求学于他处。自古"学而优则仕"，这样勤苦好学的宋濂也想投身仕途，施展自己的抱负。也许是年少轻狂，洋溢一身才气的他在参加科举考试时，却未能如愿。壮志未酬，自信满满的宋濂受

东明书院

到了严重的打击，他在悲痛之余，决定继续读书充实自己，并再次从师吴莱。而此时的吴莱已经被郑氏家族聘请为东明书院的主讲，在郑涛和郑深的诚恳邀请下，为追随吴莱，二十五岁的宋濂来到了东明书院学习。第二年，他在吴莱的推荐下，主讲东明书院，开始了在郑氏家族东明书院长达二十四年的执教生涯，这也是他成为东明书院“镇院之宝”的背景。

郑氏家族有丰富的藏书，这深深地吸引了少年时期因贫苦而读书困难的宋濂。忘却科举不中的悲伤，他在从师吴莱、柳贯等人的同时，一得空就钻进郑氏家族的书海中，日复一日，年复一年，几乎读遍了郑氏家族所有藏书，并且边读边记。《宋文宪公全集序》中记载，宋濂从潜溪来到浦江，得到了郑氏藏书八万卷，这足以弥补宋濂幼年少书的遗憾，同时，宋濂的学问也因此得到长足的进步。在此期间，郑氏家族六世孙郑文融为完善家训，开始修订《郑氏规范》，在这一过程中，宋濂成为郑文融重要的咨询人，他将自己多年学习所感悟的儒家思想渗透其中，对《郑氏规范》的问世起到了重要作用。在《郑氏规范》的规训下，郑氏家族对孝义的理解和践行水平得到了提高，其中宋濂的功劳不可忽视。

宋濂四十一岁时，已经在东明书院生活了十六年，这一年，他做出了一个重大的决定。那就是迁居到浦江的青萝山，与郑氏家族成为邻居。中国人历来安土重迁，已经四十不惑的宋濂是怎么做出这个决定的呢？

在宋濂的《萝山迁居志》中，他自己对这件事做出了解释。

宋濂家几世都居住在距金华县七十里的禅定院一侧，一个叫潜溪村的地方，潜溪的东面就是义乌的边界。1335年，他开始在浦江义门郑氏授业教书。在郑氏家族的每一天，他都能感受到这里浓浓的孝义之风，在《郑氏义感诗卷》序中，宋濂记叙了郑氏孝义的奇景：郑氏的孝义为乡里所称道，就连郑氏家族的动物都被感化，同一马厩的两匹马有了食物一定要共享，两条狗能够相互喂养各自的孩子。动物尚且如此友爱，郑氏家族的孝义可见一斑。因此，随着在郑义门居住时间的增长，宋濂越来越欣赏郑氏家族九世同居的孝义家风，想要和郑氏家族成为邻居的想法便越来越强烈。

但古人历来重视家庭宗法关系，从不随意搬家，因为祖坟和亲戚都在家乡，不敢轻易抛弃这些牵挂而离开，若是离开，一定是有不得已的原因。所以，宋濂决定迁居也是经过深思熟虑的。首先，他钦慕郑氏家族的孝义家风，希望家人可以濡染其家风，勉励自己的子孙后代也能践行孝义。其次，从青萝山到潜溪，只需一天时间，并没有与自己的家乡相隔千万里，一旦家族举办聚会、祭祀等活动，自己仍然可以参加，这与没有迁居又有什么区别呢？最后，宋濂了解到浦江有处地方叫“宋公园”，他认为这个园名中有一个字与自己的姓相同，或许这不是偶然，命运早已安排自己要和郑氏家族做邻居。因为这三点原因，宋濂携家眷迁往郑宅附近的青萝山，并以郑氏家族为榜样，嘱托自己的子孙：以后也要同居生活，不要分家，不许行不义之事，不能做伤害邻居的事情；每日要勤苦读书，学习《诗》《书》。若是从事耕种，就要成为良农，若是研究学问，就要成为优秀的儒者。但愿子孙不要辜负自己决定迁居的用心。

青萝山就位于郑氏家族所居住的仁义里附近，宋濂决定迁居于此，郑氏族人都非常欢迎，出资出力协助宋濂在此建造居所。1350年，房屋建成，宋濂自己这样描述：住址有寝室三间，并筑有围墙，前面开设小门。可见，在这青山绿水之处，这处居所显得格外清幽，宋濂自己也非常喜欢，举家欣然前往。为表示自己不忘祖先，宋濂在住所挂匾，题字“潜溪”。1354年，又进行了扩建，挂匾叫做“青萝山房”。

1359年，已经在郑宅居住了二十五年的宋濂，因为浦江有兵乱，暂时离开了青萝山房，先后避难于诸暨和故居潜溪。没想到，这次避难后，宋濂与郑氏家族便长期地分离了。因为在1360年，宋濂应诏为官，开始了自己的官场生涯。上任前，宋濂返回浦江与郑氏族人告别。二十几年的情谊，郑氏家族早已经和宋濂成为至交，宋濂还把女儿许配给郑氏子孙，好友加上姻亲的关系让这离别之际显得格外沉重。然而送君千里，终须一别，只能以“海内存知己，天涯若比邻”相互安慰。这样的好友，这样的邻居，即使天涯海角，也不会断了曾经的情谊。后来，宋濂写下《俚咏寄义门郑十山长叔侄追述严陵别意》来纪念离别的深情，其中“肝胆实同身”“十步九回头”等句子表达了宋濂与郑氏族人深厚的友情。

入京为官的宋濂，仍时时不忘白麟溪畔的情谊，曾几度返回浦江探望。1377年，宋濂辞官返回了心心念念的浦江，决定在青萝山房养老，又一次展开了与郑氏家族的朋友、邻里情。然而在1380年，宋濂的孙子因牵涉胡惟庸案被杀，已经年迈辞官的宋濂也未能逃脱责罚，被判流放外地。对于已经年老的宋濂来说，这一去，有生之年再也无法回到浦江了。因此，这次与郑氏家族不再是“离别”，而是“诀别”，宋濂将自己的文稿、画像等全部交托给郑氏家族，并作下“生平无别念，念念在麟溪。生则长相思，死当复归来”的诗句。

宋濂一生中在浦江郑氏家族生活了三十多年，与郑氏家族的情谊之所以到了生死难忘的境地，不仅是因为长期的交往，更因为他从郑氏家族获得了很多恩惠。郑氏家族不仅提供了他曾梦寐以求的上万卷藏书，也为他提供了一个安稳的环境来修炼自己。宋濂在浦江的那段时间，正是元末明初战乱之时，但他在郑氏家族的协助下得以在青萝山全心读书，并与柳贯、黄溍等名儒来往，学术水平得到快速提升，取得了累累硕果，如《浦阳人物记》《春思辞》《燕书》等。这一时期学识的积累为他得到朱元璋的赏识，并被誉为“开国文臣之首”奠定了坚实的基础。

郑氏家族因为自己的孝义家风，成就了一段与宋濂毕生之交的佳话，就如宋濂在诗中所说，“情深忘道远，犹谓咫尺间”。

第二节　高山流水遇知音

“结交在相知，骨肉何必亲”，郑家大院中，有亲情、爱情，又怎能缺少友情？

在郑义门生活了三十多年的宋濂，不仅收获了学问，更幸运地收获了与郑氏族人间宝贵的友谊。

首先，是与郑涛、郑深的肺腑之交。

郑涛，字仲舒；郑深，字仲几，郑氏家族八世孙，他们是宋濂在诸暨白门义塾求学时的同窗，宋濂最初来到东明书院学习，有一部分原因也是因为这兄弟二人的盛情邀请。虽然“独在异乡为异客”，但想到他乡有故知，到达浦江后，还能和他们一起从师吴莱，宋濂的心情顿时轻松了不少。当他背着行囊，风尘仆仆地走进仁义里时，便一眼望见在村口等候他的郑涛和郑深。赶路的疲惫跑到了九霄云外，三个年轻人相拥在一起，沉浸在同窗重逢的喜悦之中。

一路有说有笑，兄弟二人刚向宋濂介绍完书院的基本情况，就已经走到了东明书院宿舍的门口。推开房门，看到的是一尘不染的桌椅摆设，还有备好的笔墨纸砚，宋濂只要安置行李即可。原来，郑涛和郑深担心宋濂旅途劳累，早已经为他整理好宿舍。面对这样的事情，谁都会感动，宋濂也不例外，他内心感慨道：不愧是郑义门教育出来的子弟，待客如此细致周到！带着宋濂熟悉了书院和郑宅后，郑涛和郑深还设宴款待宋濂，为他接风洗尘，虽然是酒逢知己千杯少，但为了更好地迎接第二天的学习，三人决定早早回房休息。带着一天的感动，宋濂香甜地进入了梦乡。

在之后的日子里，宋濂时时都能感受到来自郑氏家族的温暖之风，尤其是郑涛和郑深，对他嘘寒问暖，关心备至。每逢闲暇之时，他们和一群好友便挑个风和日丽的日子，在山中郊游，赏花戏水，喝酒吟诗，好不快活！年轻人的友谊就在其中慢慢升温。很快，宋濂就适应了这里的生活，全身心地投入到研究学问中去， 欣喜能够阅读到郑氏上万卷藏书的同时，与郑涛、郑深的友情也日渐浓厚，成为推心置腹的好友。

能够与朋友肝胆相照的人，必定是个深情的人，若是娶了妻子，一定会与妻子恩爱有加。郑涛就是“深情男”队伍中的一员。郑涛的妻子夏邕，温婉贤淑，对待郑氏家族所有人都礼貌有加，与郑涛这样的深情书生真是天造地设的一对。结婚七年，两人还育有一子郑枋，一家三口的小日子更加幸福了。可惜，天有不测风云，两人结婚第七年时，夏氏身患重病，即使郑涛尽心竭力地照顾，也未能挽回自己的妻子，夏氏最终不幸离世，只留下幼子郑枋和郑涛这孤零零的父子俩。痛失爱妻的郑涛，几日来食不下咽，憔悴了许多，如果再不找人倾诉内心的痛苦，怕是坚持不下去了。

人类就是情感很复杂的动物，有些事情只愿意对家人说，而有些事情却只愿意和朋友说。郑涛此时需要的倾诉对象就是朋友，庆幸的是爱情去了，他还有友情。拖着一副已经失去半个灵魂的身体，郑涛找到了平日里与他无话不谈的朋友——宋濂。看着毫无精神的郑涛，宋濂立刻就明白了郑涛来找他的目的，赶紧放下手边读得兴趣正浓的书，安抚郑涛坐下来，然后自己静静地坐到郑涛对面，等他开口。

面对好友，郑涛终于吐出了自己的心声："虽然我和夏邕是父母之命，媒妁之言，但我们相处融洽，几年来也建立了深厚的感情，除去夫妻感情，我们早已成为亲人。她曾经是那么的喜爱我们的儿子，可如今她就这样去了，郑枋还那么小，我也需要她……"郑涛回忆了与夏氏的点点滴滴，他讲了多久，宋濂就认真地听了多久。郑涛最后对宋濂说道："你才华横溢，帮我的妻子写个墓志铭吧！最好能够训诫郑枋努力学习、践行孝义，以不辜负他母亲对他的爱。"

好友的请求，宋濂欣然应允，经过慎重思考，一段铭文从宋濂的笔尖涌出：涛家义聚九世，族属之多，凡两千指，邕一以礼遇之。族属之人力咸以默，庄静懿称其贤……宋濂的铭文，既赞颂了郑氏家族同居共食的孝义家风，也赞美了郑涛妻子夏邕的贤良淑德，他对郑氏家族的欣赏尽然浮现于文字间。

其次，是与郑濂的胶漆之交。

郑濂，字仲德，号采苓子，郑氏家族八世孙。郑濂与宋濂，同是1310年出生，名字又同为一个"濂"字。而除去这些共同点，两人就连经历、志趣都很一致，宋濂在自己的作品中曾叙述到：我们年少的时候都跟着胡翰学习过。胡翰，字仲子，元末明初浙江金华人，因为学识渊博被朱元璋招至朝廷为官；长大后，我们都是胡须较多的人；我们也都不擅长喝酒；我搬到青萝山居住后，大家又成为邻里。人之间有一个相同点已属不易，我与仲德竟有这么多相同的地方，就如同一人一样，我内心的想法，他总能替我说出口。

宋濂和郑濂之间的缘分，真的是太巧妙了！而这样的缘分也让他们觉得相比其他人，两人间有一种更为亲近的关系。因此，缘分深厚、又志趣相投的宋濂和郑濂，成了最亲密无间的好友，正所谓“心有灵犀一点通”说的正是此二人。对郑濂情谊深厚的宋濂曾为他多次撰文，如《跋郑仲德诗集》《采苓子传》《采苓子赞》等。

俗话说“近朱者赤”，宋濂和郑濂这两个好友在一起，总能相互砥砺。一日，郑濂与宋濂探讨：“我有幸拥有与你一样的名字，‘濂’，但很多人都说‘濂’字无根无据，并无值得称道的意义，你知道这个字有何特别的说法吗？”宋濂回答：“‘濂’字本来是没有特殊的意义，一般指溪水的名字，但北宋著名哲学家周敦颐，号濂溪，他在儒学方面的造诣高远，是值得我们学习的榜样。其‘出淤泥而不染，濯清涟而不妖’的高洁人品更让世人赞叹！所以我们无须烦恼‘濂’字无依据，周敦颐号濂溪，这已经给此字增添了无限的光彩，无论是在学识还是人品方面，我们只要向周敦颐学习就能给自己的名字增加意义了。”

最后，是与郑铉、郑泳等人的忘年之交。

郑铉，字彦贞，郑氏家族七世孙，他虽然比宋濂大了十几岁，但二人却可以以文会友，作为小辈的宋濂也十分尊重他。郑宅附近的玄鹿山，每年春天便桃花满涧，溪水潺潺，是游憩的好去处。阳春三月，郑铉便携着宋濂和友人们到玄鹿山桃花涧嬉水赏花，饮酒作诗。好友相伴，良辰美景，酒意正浓，每人都诗兴大发，各作诗两首，宋濂还为此作了序，“或闭目潜思……或运笔如风雨，且书且歌……”这样的情景仿佛当年王羲之与友人在兰亭聚会，“虽无丝竹管弦之盛，一觞一咏，亦足以畅叙幽情”。

郑泳，字仲潜，是郑铉的二儿子，从师宋濂，比他小了十几岁。郑泳是个极富文采的人，著有《半轩集》《辍耕梦谈》等，受到宋濂的欣赏。而郑泳也十分欣赏自己老师的学识，称赞宋濂“及天下之理，穷造化之妙”。这样一对相互欣赏的师生，亦师、亦徒、亦友。

宋濂既能与郑涛、郑深、郑濂等人结为好友，又能够与郑铉、郑泳这对父子成为好友，他在郑氏家族中，真的是“老少皆宜”。此外，郑氏家族中的九世孙郑干、郑楷等人都是宋濂的徒弟，与他也有深厚的师生之情。

晚年的宋濂虽流放在外，每每想起和郑氏族人的友谊，便会心一笑。“山河不足重，重在遇知己”，人生在世，得一知己已经是万幸，而宋濂在郑氏家族却获得了这么多好友，这真是他人生一大乐事。

第三节　巧用“江南”换“天下”

真正的朋友，是在你遇到危险时，站在你前面为你遮风挡雨的人；也是在你获得荣耀时，站在你背后为你排忧解难的人。

在浦江生活了三十多年的宋濂，在郑义门收获了学问，收获了友情。郑氏家族对他多年的照顾和关爱，宋濂铭记在心。因此，在郑氏家族陷入困境时，他总是竭尽全力为其出谋划策。

郑氏家族获得“江南第一家”的称号，来自于明朝朱元璋的旌表。但关于这个称谓，还流传着一个有趣又充满智慧的故事。

元朝末年，可真是个多事之秋。朝廷内部明争暗斗，腐败无能，贵族沉溺于奢侈腐化的生活。谁来承受朝廷、贵族的荒淫无度带来的灾难，那自然是无权无势的贫苦百姓了。苛捐杂税、横征暴敛，官差无穷无尽地搜刮民脂民膏，百姓们叫苦不迭。

其实，百姓只图个安安稳稳的日子，朝廷若是不过分到极致，百姓们是最能忍耐的了，但这一切到了元朝最后一个皇帝元顺帝时，达到了一个极点。平时，百姓还能勉强应付徭役赋税，给一家人留口饭吃，但元朝末年，天灾不断，饥民遍野，朝廷不体恤百姓就算了，反而加重了徭役赋税，这简直是秦二世再现！已经有陈胜、吴广揭竿而起在前，此时不反何时反？各地百姓纷纷起义抗争。面对已经摇摇欲坠的江山，这个暴政荒淫的元顺帝慌了。自己的好日子还没过够呢，如果被人夺了位，怕是要四处逃亡，这可如何是好啊！往日里每天大吃大喝的元顺帝终于在这几天吃不下饭了。因为派兵镇压，见效甚微，朝廷财政更是吃紧，已经是疲于应付，必须想出其他更可行的方法。

这时，有人向急得已经像热锅上的蚂蚁一样的元顺帝提议："在浙江浦江的玄鹿山下，有一个大家族，人称'郑义门'。他们从南宋建炎元年（1127年）开始同居共食，践行孝义、友爱邻里、赈济灾民，深得民心，至今已经二百多年，家族人口发展到上千人。听说，现在他家孝义之风更浓，兄弟同心，有'鸦鹊同巢、猫狗同窝'的神奇景象。我朝之前也曾对其进行过旌表，皇上您不如效仿先皇，旌表郑氏家族，将他们作为榜样向全国宣传。一来，可以向大家展示天下有发展如此兴盛的大家族存在，证明您治国有道；二来，倡导其他家族向郑氏家族学习，奉行孝义、接济灾民。这样，既可以平息百姓的怨气，又替您减轻了负担。"

"哈哈哈！"元顺帝开怀大笑，连声叫好。这样自己的江山是不是就能保住了？此时，他的内心无比雀跃。但毕竟是关乎自己的皇位，平时对朝政不上心的元顺帝也变得谨慎起来，决定先派遣个大臣前去考察，确保万无一失。

说起来，两个王朝更替之际，徭役赋税加重，很多大家族都受到战乱的影响，导致家族衰落。郑氏家族能够在此时受到元朝统治者的重视，受到封赏，是他们的幸运。可这幸运，也让郑氏家族如履薄冰，战战兢兢了一场，还差点丢了全家的性命呢！

钦差大臣领旨后，一想到自己的使命可是关乎国家存亡，关乎自己的官场前途之事，便不敢怠慢，立即快马加鞭、日夜兼程地赶往浦江郑氏家族。几日后，这位栉风沐雨的钦差大臣终于到了郑义门所在的仁义里。他伸头远眺，目光锁定到郑家大宅。只见一棵古树高耸出来，定睛一看，蜿蜒的树枝间筑有一个很大的鸟巢，一群群乌鸦和喜鹊觅食往来其间。他满意地点点头，自言自语道："人间还有如此太平的景象！果真是鸦鹊同巢，传闻不假。"刚刚感慨完，迎接他的地方官就到了，钦差大臣便被热情地请到县衙里。因为急着回去复命，钦差也顾不得让其好好招待自己，喝了一口茶，便赶紧询问郑氏家族的情况。地方官将郑氏家族的孝义事迹从头到尾说了一遍，然后带着钦差来到了郑氏家族。

钦差来访，郑氏族人都放下了手中的活计，前来招待贵客。大厅里早已经摆好了家族多年来的账目本。钦差一边查看，一边听郑氏家族的大家长讲述家族的财产是如何管理的。一进一出，分配花销，都有严格的规定，钦差听得是频频点头。钦差基本上已经掌握了郑氏家族的情况，就差核实"猫狗同窝"的事情了。于是，郑氏家族的大家长在前引路，其他人跟在钦差的后面，向牲畜的住所走去。真是来得早不如来得巧，郑家的猫和狗此时正在一个窝里小憩。钦差再次感慨："此行真是见证了诸多奇迹啊！"将郑氏家族里里外外考察了一遍的钦差，随郑氏家族的大家长回到了大厅。休息片刻，钦差想到也是时候拿出圣旨了，便高声喊道：“圣旨到！郑氏家族接旨！”

一干人等赶紧跪下，聆听圣训。“奉天承运，皇帝诏曰，朕以仁德治天下……今闻浦江郑氏一族忠孝信义俱全，特赐雪梨两颗，以褒其德。钦此！”一家人异口同声：“谢主隆恩！”叩首谢恩后，郑氏大家长双手接过圣旨和雪梨。刚刚起身，钦差又嘱咐道：“皇恩浩荡，郑氏家族所有人都要沐浴圣恩，雪梨必须分食，以显示你们家族的团结孝义。”

雪梨只有两个，家族却有上千口人，切割也不是个办法，这可难坏了郑氏一族人。一家人冥思苦想之后，也没想出个好对策。钦差还在这等着，必须得赶快解决这件事。郑氏家族大家长临危不乱，命人请足智多谋的宋濂前来相助。宋濂了解情况后，与郑氏大家长耳语了一阵后，郑氏大家长紧锁的眉头立刻舒展开来。宋濂到底有何锦囊妙计?

只见郑氏大家长立刻命人将两个雪梨放在大石臼里捣烂，然后烧了满满一大锅的热水，倒入石臼中，两个雪梨魔术般地变成了石臼中的梨汁。郑氏族人每人手中拿着个小碗，一一上前舀了一口，最后一个人盛完，正好石臼见底。在大家长的口令下，众人一齐举碗，喝下这“来之不易”的雪梨汁。

看见郑氏家族圆满地解决了此事，钦差甚为满意地离开了。回到京城，他兴奋地向元顺帝禀报：“浦江郑氏家族的确是兄友弟恭、鸦鹊同巢、猫狗同窝。而且他们一族上千口人，能够分食两个雪梨，确实是孝义之家啊！”元顺帝听了之后，十分兴奋，庆幸自己还有一棵救命稻草，连忙命人笔墨伺候，欲旌表郑氏家族。提起笔来，元顺帝顿了一下，心想：

给郑氏家族一个什么样的封号呢？嗯，一定要大气，能够一鸣惊人，这样才能显示皇家威严，才能收服人心！元顺帝大笔一挥，写下“天下第一家”五个大字，又命人去浦江赐字。之后他就安心地大吃大喝去了，誓要补回这几天殚精竭虑所落下的东西。

丞相得知元顺帝为浦江郑氏家族赐字后，担心皇帝又出什么乱子，赶紧入宫询问皇帝赐的什么字。皇帝说：“朕赐了‘天下第一家’给郑氏，怎么样，大气吧？”

丞相回答：“他们是天下第一家，那圣上一家又是天下第几家？”

正洋洋得意的元顺帝瞪大了眼睛，愣住了。

丞相又上奏：“整个天下都是皇上的，郑氏家族再怎样孝义，那也不如皇家的恩德，能够润泽苍生，皇上才能称得上‘天下第一家’啊！”

糟糕，元顺帝这才意识到自己的草率，竟然把自己置于这样的尴尬境地。可是君无戏言，圣旨是收不回来了，只能另下一道圣旨。残暴的元顺帝为了挽回自己的名声，派遣了一员大将，命他带领士兵数百，前去浙江浦江，剿灭那个“意图谋反”，自号“天下第一家”的郑氏家族。

将军还在前往浦江的路上，赐字的圣旨已经到达了郑义门。正巧宋濂也在大厅内和郑氏族人交谈。大家又是一通参拜叩首，接过圣旨的大家长正想摆设香案，将这圣旨供奉起来，就听见宋濂大呼不妙：“郑氏家族恐怕大祸将至矣！皇帝才是天下的最高统治者，他家称第二，没人敢称第一。如今皇帝赐‘天下第一家’给郑氏，必定是元顺帝一时糊涂，待他反应过来，又没办法驳了自己的话。必定会反过来治郑氏家族一个大逆不道之罪，除之而后快！”

听了宋濂一番分析，郑氏族人可急了起来，说不定前来诛杀家族的人已经在路上了，这可真是火烧眉毛了！这时，宋濂又说：“我有一计，说不定可以避开灭门之祸！”“快快道来。”郑氏大家长急切地说。宋濂道：“如今兵荒马乱，也无逃跑的好去处，可用‘江南’换下‘天下’二字，或许可以化险为夷……”时间紧迫，大家赶紧依计行事，急急忙忙找人做好匾，挂在了门上。挂匾的人刚从梯子上下来，一队士兵就到了家门口，郑氏族人的心都提到了嗓子眼儿。领头的将军抬头一看，匾上赫然写着“江南第一家”五个大字，没有看到“天下第一家”啊！听闻此家孝义，将军可不想滥杀好人，决定先回去禀告皇上。

回到朝廷，将军复命启奏：“臣只看到了‘江南第一家’，没看见‘天下第一家’，故臣又带着士兵回来了，请皇上决断！”皇上听了之后，心里暗自想：既然郑氏家族如此识时务，朕就顺水推舟，放过他们，也好巩固自己的统治。想到这儿，他又放声大笑，对旁边站着的丞相说：“朕此前是和你开玩笑呢！朕怎么会如此糊涂，赐给他们‘天下第一家’？其实朕写的是‘江南第一家’。”丞相听了，自然要给皇帝台阶下，便回答：“臣愚钝，没能听出皇上的玩笑话……”也跟着皇帝一起笑了起来。

最后，元顺帝也没能因为赐字给郑氏家族，就挽回了人心。大势已去，他的残暴统治怎能因一次赐字就被掩盖！朱元璋带领起义军一路势如破竹，建立了明朝。郑氏家族和宋濂便一起迎接来自己人生中最辉煌的时刻！

第五章

关爱乡里，安定一方

郑义门的人，从不吝惜自己的爱，他们心怀家人，心怀百姓，心怀天下苍生。他们以慈善活动为乐，与邪恶做斗争，以救助他人为己任。无论为民为官，他们都能关爱乡里，安定一方。

第一节 乡间的乱世英雄

有阳光的地方，黑暗总是无所遁形。对于浦江县仁义里的百姓来说，秉持孝义家风的郑氏家族一直以来就像一束阳光，给他们带来了温暖，带来了光明和美好。

宋朝末年，忽必烈带领的蒙古铁骑正在虎视眈眈地望着宋朝疆域。这些蒙古士兵可都是常年驰骋于茫茫大草原上的人，各个擅长骑马狩猎，威武雄悍，不容小觑。而宋朝统治者却偏安江南，整日流连于声色犬马之中。更悲哀的是朝廷没有个好大臣能够对皇帝谏言，反而是有奸臣贾似道祸乱朝政，结党营私，掩盖前线紧急战事，一心想和蒙古大军议和，好让自己有时间和妻妾玩乐，和蟋蟀逗趣，“蟋蟀宰相”这个称号他还真是当之无愧。

两方情况对比，蒙古军完胜。蒙古大军一路南下，宋朝虽有文天祥这样“人生自古谁无死，留取丹心照汗青”的忠臣，也终究是回天无力了。

朝廷统治已接近崩溃，宋朝灭亡已经是毫无悬念之事。此时社会动荡，两朝更替，平日里隐藏奸邪心思的人便开始投机取巧，占山为王，伺机作威作福，横行乡里。

山清水秀、民风淳朴的浙江省浦江县，也未能逃过动乱的影响，一伙盗贼趁机兴风作浪，危害乡里。一时间，百姓们人心惶惶，或闭门不出，或四处逃亡。有人仰天叹息："本来这一方纯净的天空已经因战火而变得阴沉，如今又因盗贼添上一层厚厚的阴霾，这样的日子可怎么过啊！"

郑德璋的家人也整天谈论着外面破败混乱的景象，整日忙于治家的郑德璋听在耳里，心里也着实感到不好受。其实，能够生于宋朝这个时代，他是一直很庆幸的。宋朝兴修水利，大面积开荒，改进农业工具，给南方地区引进优良稻种，使南方农业得到迅速发展。尤其是南宋时期，更加注重对南方的开发，使江南一带的经济文化得到前所未有的发展。处于浙江的郑氏家族也因此得到一个良好的发展环境，从家道中落中慢慢恢复元气，到了郑德璋这一代时，家族已经成为殷实之家。

郑德璋感恩这个朝代，它不仅让自己的家族振兴，也让自己享用到更加美丽的陶瓷；并得益于活字印刷，让书本更广泛流行，使自己和家人获得更多的文化知识……可惜，这种种美好和现在的凄凉颓败比起来，有种恍如隔世的感觉。

越想越觉得压抑，郑德璋推开郑宅大门，决定亲自去看看外面的情况。他的心里本来还抱着一丝希望，觉得情况可能没有想象中的糟，出去走了一遭，心是彻底凉了：往日热闹的集市如今只剩下破损的摊位可怜地躺在地上；街上零星有几个背着行囊匆匆逃亡的百姓；附近的几个村子已经是人去房空，数十里地内，竟是荒无人烟，了无生气。

从外面回到家，郑德璋已是身心俱疲，乡里间生灵涂炭之情景一遍遍在脑中回放，使他久久不能平静。生性勇武、好打抱不平的他，对这样的事情怎么可能置之不理呢？不过，要对付盗贼，郑德璋自然知道只用蛮力是不可能的，必须想出一个稳妥的计谋。早一天除去盗贼，就能早一天还百姓一个安稳的日子。可是，自己一时半会儿还真无法理出个头绪来。几番苦想之后，郑德璋一拍大腿，责怪自己怎么就忘了自己那位富有才辩、擅于剖析事理的哥哥了呢！

郑德珪，郑德璋的哥哥，年少时口才、辩论能力就已经很突出，长大后被人称赞为慷慨豁达，恪守信诺之人。娇小的身躯，却留着一把长长的胡须，别有一番神采的同时更显得少年老成。每当邻里间发生口角矛盾时，只要由郑德珪出面调解，事情总是能够被梳理得条理清晰，当郑德珪三言两语道出事情的关键之后，双方都能心甘情愿地承认错误，然后和和气气地解决矛盾。有人说：“郑德珪是乡里人人信赖的大法官，一旦看到邻里间有纠纷，小孩子都知道跑到郑宅去找郑德珪！”可见，郑德珪的口才很好，解决事情的能力很强。

俗话说，“三个臭皮匠，赛过诸葛亮”，哥哥向来足智多谋，一个顶俩，再加上自己，那不就是一个诸葛亮吗？郑德璋的面容，刚刚还因苦苦思索而紧绷，但想到哥哥的瞬时间，一抹微笑已经悄然爬了上来。兄弟齐心，其利断金，郑德璋已经看到了胜利的曙光。于是，他赶快找来哥哥，与郑德珪一起商量擒贼之计。最终，凭借郑德璋、郑德珪兄弟二人的智谋，以及百姓们的众志成城，盗贼基本上全部被擒拿，只剩下一些余党还在苟延残喘。在锣鼓喧天之中，郑德璋押送盗贼头目至官府，让他们接受法律的制裁。之后，郑德璋又召集邻里，堆砌大石作为防御工事，防止余党的侵袭。为了长远的安定，郑德璋还出财出力，运用家族力量并团结邻里，建立了乡里武装，配合地方官吏维护当地治安，为郑氏家族和周围百姓营造了一个安稳的生活环境。

擒拿盗贼之事就算是告了一个段落。但是，郑德璋和郑德珪到底用的什么计谋呢？很可惜，这个擒贼计成了一个“被时光掩埋的秘密”。不过，我们倒是可以进行推测的。中国古人的智慧是十分伟大的，早在南北朝时期就出现了根据军事战争总结而成的兵法策略“三十六计”。虽然这“三十六计”可能无法涵盖所有计谋，但也是万变不离其宗。无论是“声东击西”“调虎离山”还是“欲擒故纵”，都是擒拿盗贼的好方法。不过，郑德璋是先诱敌，再擒敌，那就很可能使用的是“抛砖引玉”这一计谋了。

“三十六计”第十七计“抛砖引玉”，对这一计的分析是：迷惑敌人的方法多种多样，最巧妙的方法不是用似是而非的虚事，比如用战旗、战鼓虚张声势；而是要选择类似甚至相同的事物进行诱惑，比如用老弱残兵、粮草来诱惑敌人，才容易使敌人产生错觉，并进入埋伏。就如钓鱼要用鱼饵一样，若是贪图小利，必定上钩。郑德璋通过之前的考察，了解到这群盗贼在青天白日都敢为非作歹，四处劫掠，他必然料到了这伙盗贼是一群胆大并贪婪的人。如果郑德璋在一个适合埋伏的村庄里安排些老弱病残，并安置粮食和牲畜，制造一个毫不费力便可获利的景象，这群盗贼一定会前来“光顾”。那时，就“请君入瓮”了。不过，这只是对郑德珪和郑德璋兄弟二人所用计策的猜测而已。

擒敌计谋虽被掩埋，郑德璋擒贼一事可是被乡里到处宣传，周围人尽皆知。曾任浦江知县的王霖龙，在位期间奉公勤政，得到百姓的爱戴，此时作为宋朝的使者，他正在考核辖区内的政绩。得知郑德璋以一介布衣的身份，做出捍卫乡里的壮举，对他大为赞赏，便将郑德璋平息贼乱之事奏报朝廷。有这样的孝义之人为朝廷维护社会秩序，统治者当然是乐享其成。正巧当时的处州青田县，即今浙江丽水市青田县也有数起盗窃案，朝廷便想将郑德璋提拔为青田尉，负责青田县的军事防卫工作。

但郑德璋审时度势，认为此时的宋朝已经是摇摇欲坠，自己能够保护好家族和邻里已经是用尽全力，无暇再顾及其他，便婉拒了朝廷的任命。他决定安于布衣，全心治理家业，这才有了郑氏东明精舍和治家准则的诞生。

当时，因为战乱、贼乱和灾荒接二连三地到来，导致粮食极其缺乏，很多百姓只能靠田地里的草根充饥，一个个饿得脸色苍白，瘦骨嶙峋。郑氏家族作为同居共食的家族，拥有自己的粮仓和储备物以备不时之需。大灾大难面前，郑德璋和郑德珪决定带领家人节衣缩食，开放粮仓，将节省下来的粮食分发给饥饿的百姓。因为郑氏兄弟二人的善举，很多濒临饿死的百姓都活了下来。幸存者每每想起郑氏家族的恩德，都会感激涕零地说："都说救人一命胜造七级浮屠，郑德珪和郑德璋兄弟二人救了这么多条人命，好人会有好报的，有这样的子孙在，郑氏家族一定会越来越好！"

郑德璋和哥哥郑德珪，以布衣的身份安定乡里、关爱乡里，在乱世之中为乡里驱散阴霾，带来一股股暖流和一丝丝光明。这兄弟二人，不就是乱世之中的乡间英雄吗？

第二节　生日的恶作剧

疾恶如仇的郑德璋，可谓是给了这群山中盗贼一个狠狠的打击，在这之后，贼人们闻郑德璋之名便惊恐失色。浦江仁义里一带因此成了这些山林草寇的禁地。百姓们都拍手叫好，有血气方刚、勇武好义的郑德璋在仁义里坐镇，谁还敢在此胡作非为？

但就是有人这么不识抬举，非得往枪口上撞，那就等着自食其果吧！

“让开，让开！没看见我家老爷的轿子吗？你们是吃了熊心豹子胆了吗？我家老爷的路也敢挡！”郑德璋正心情愉悦地在街上走着，远远地就听见这么几句傲慢的喊声。难道这条路是你家开的吗？还有没有个先来后到？奴才若是狗仗人势，主子也好不到哪去，平时还不知道怎么鱼肉乡里呢！年轻气盛的郑德璋心里这么想着，阳光灿烂的心情一下子电闪雷鸣，想要打抱不平的心又被激起来了，便走过去一探究竟。

刚才那奴才一喊，路人们都知道是谁来了，唯恐避之而不及，赶紧退到两侧，因为实在是惹不起这位老爷啊。郑德璋来到了人群中，探头望去，想要一睹轿内“大人物”的庐山真面目。无奈人群挡住了自己的视线，郑德璋这个着急啊！这时，旁边有人窃窃私语起来：“这个是乡绅卢老爷……”郑德璋赶紧侧耳倾听。

这两个老百姓继续说着：“刚才若不是我把你拽到路边，你恐怕是要惹祸上身了！看你是新搬到这里的，我就费些口舌提醒你一下。以后遇到他，能离多远就离多远。咱们普通老百姓可招惹不起这个乡绅卢老爷。他家虽然富甲一方，人却是尖酸刻薄，一毛不拔，为富不仁。卢氏可不是仁义里的郑氏，能够扶危济贫，宽厚仁义，那要比起来，两家的差距可是有天地之分。”郑德璋不好意思地笑了，想着自己家还有很多不足之处，哪有人家说得那么好啊！但是听到别人对自己家的认可，心里还是美滋滋的。

“卢氏在这里可是出了名的横行霸道，仗着家中有钱有势，平日里欺压百姓，巧取豪夺，为非作歹，横行霸道，无恶不作。让你让个路，这都是他最和善的一面了，你是没见过他发起威来，那才叫‘狂风暴雨，一扫而过’！就前两天，有个卖瓜的商家一不小心得罪了他，他家的管家就带着一群人，挥舞着棍棒，把商家的店给砸了，不管商家怎么磕头作揖和苦苦哀求，那群人都毫不动容，把所有的瓜都砸烂了，最后还把商家也打个半死。鼻青脸肿的商家趴在地上，望着一地碎瓜，痛哭到昏厥。他在此地是再也混不下去了，第二天便带着家人匆匆搬走了。还有啊，卢氏特别好色，家中已经是妻妾成群，但他还是不满足，看到哪家有好看的姑娘就想占为己有，可怜那些黄花大闺女就被他霸占了去，而且只要被他看上了，甚至那些已经结婚生子的妇人都没逃过他的魔掌。别看他现在的那些妻妾表面上是嫁入了豪门，其实不知有多少个是被逼无奈，整天以泪洗面呢！还有……”

郑德璋实在是听不下去了，怎么会有这么可恶的人呢？真想冲过去给他两拳，但他还是理智地压住了心中的怒火，知道自己不可鲁莽行事。义愤填膺的他回到了家中，刚想找哥哥郑德珪说说自己的见闻，却没想到兄弟俩心有灵犀一点通，哥哥也正好来找他，而且要说的事还是关于同一个人物卢氏的。

“兄长有事，那兄长先说！”郑德璋对哥哥说。郑德珪从口袋中掏出一个请帖，递到郑德璋的面前：“这是邻村乡绅卢氏的寿辰请帖，本来应该我去的，但那天我有其他的事情分不开身，你就代替我去祝寿吧！”要是郑德珪说其他事情还好，但他恰恰说的是乡绅卢氏的事情，郑德璋内心的怒火一下子蹿了上来：“我才不去，我们怎么能给那种人祝寿呢？”接着，郑德璋就把白天在街上的所见所闻一字不落地说给哥哥听。郑德珪感慨：“他确实是很过分，但人家没有得罪过我们，还送上生日请帖，我们怎么能驳了人家的面子。况且我们是邻里，俗话说远亲不如近邻，与邻里和睦，礼尚往来才是家门之福啊。不管他以往是如何鱼肉乡里的，既然他邀请了我们，我们这次就不能失了礼数，否则不就是和他成为一样的人吗？”“他是没有得罪过我们，但那是他欺软怕硬！”郑德璋愤愤地低声嘟囔着。“行了，你抱怨一下就够了，宁可得罪君子，不可得罪小人，去他寿宴露个面就行，以后我们可以尽量不与他来往。”

郑德璋懂得哥哥的良苦用心，郑氏家族要想稳定地发展，必须懂得人情世故。所以，他这次是一定得参加卢氏的寿宴了。郑德璋无奈地点点头，但眼珠却是骨碌碌地转，露出一道精光。郑德珪可没错过弟弟想要整人的眼神，嘱咐他说：“这几天你就去挑好寿礼，然后拿给我看看，记住做事要沉稳，考虑周全。”

第二天一大早，郑德璋就带着家仆到集市上去采办贺礼了。可是一连走了好几个店铺，郑德璋始终不满意店家提供的东西。时间已经到了中午，仆人还是挑着个空萝筐，毫无所获。看着郑德璋还是在集市上漫无目的地走着，后面的家仆开始发话了：“爷，您到底想要买什么啊？小的腿都要走断了！”这要是别人家的仆人，是断不敢发牢骚的，可郑氏家族的仆人就不同了。郑氏族人平日里对任何人都是和善仁慈，对待家仆也不例外，所以那些无奈成为家仆的人都争着去郑氏家族谋差事。这不，这个跟着郑德璋的家仆就比别人家的仆人娇气，还敢和主人讨价还价。

郑德璋回头望望后面叫苦不迭的家仆，无精打采地说：“买什么啊，我自己也还没想到。哎呀，这不知不觉已经到中午了，我都有些饿了，你也饿了吧？”仆人频频点头，小声嘟囔：“我早就饿了，肚子一直在咕咕叫。可是主人都没说饿，我再放肆也不敢让您停下来等我吃饭啊！”刚直勇武的郑德璋看着仆人那一副受气的样儿，无奈地笑了，拉起仆人，向集市上的小吃摊走去。仆人这下来了精神，小跑到摊位，用袖子拍打椅子，一脸媚笑地说：“爷，您坐！”出门在外，自小便被教导要勤俭生活的郑德璋自然也不会点什么山珍海味，叫了两碗面，主仆二人就欢快地吃了起来。

面刚吃到一半，一声声“鲜活的螃蟹啦，又大又肥的螃蟹啦”的吆喝从不远处传来。正大快朵颐的郑德璋放慢了吃面的速度，他的大脑开始快速地思考：螃蟹，螃蟹……横着走路的螃蟹，哈哈，这真是送给卢氏最佳的寿礼。内心欢快的他，竟不自觉地笑出了声。这可惊到了家仆，“爷，您没事吧，不就是还没买到寿礼吗，咱还有时间，您可别上火。”听家仆这么一说，郑德璋笑得更欢了，说道：“别瞎操心，快吃你的面，吃完了我们就去办货！”“得令！”仆人赶紧大口吃起来，三下五除二，主仆二人就结了账，向卖螃蟹的人走去。

郑德璋望着这些张牙舞爪的螃蟹，心里寻思着卖东西的人果然没说谎，螃蟹是鲜活肥大，送给卢氏是恰到好处！便豪爽地说：“这些我都要了，把它们倒进我的箩筐里吧！”遇到这样一个痛快的买主，小商贩笑得合不拢嘴，便赶快一手交钱，一手交货。仆人又迷惑了，挠着脑袋问郑德璋：“爷，咱是出来买贺礼的，您买这么多螃蟹是干嘛啊？”郑德璋神秘地笑着，说：“这就是贺礼啊，一会儿我们再去买两个精美的礼盒，把它们包装包装！你不懂，人家卢氏有钱有势，金银珠宝已经见惯了，所以咱得备点儿有特殊意义的礼物，才能显得重视他不是？这可是个惊喜，所以你可给我保密着！”

螃蟹有什么特殊的意义啊？仆人还是弄不清楚，但是郑德璋可一直是他的偶像，既然主人说有意义那就是有意义，自己可得为主人保密。而郑德璋这边想着，仆人是反应不过来，自己的哥哥肯定一下就能猜出自己的用意，因此不能让哥哥检查自己买的贺礼。今天得晚点回家，然后明天一大早就出发参加寿宴，不让哥哥有机会见到这些螃蟹。

第二天，郑德璋带着仆人顺利地从家出发了。其实从郑宅到卢宅也就几里路，郑德璋打算要在众人面前给卢氏一个惊喜，便不能提前到达，于是就在卢宅附近的凉亭里补起觉来。当一阵阵鞭炮声和锣鼓声响起时，睡梦中的郑德璋“嗖”地站起来，拍醒家仆，匆匆向卢宅走去，以免错失良机。

卢宅内张灯结彩，管家大声报送客人送的一份份贺礼，卢老爷听在耳里，喜在心里，想到自己又可以发笔大财，盛装打扮的卢老爷全程都是喜笑颜开。这时，郑德璋带着家仆到达了卢宅，卢老爷更威风了起来，心想让大家都看看，连郑氏家族这个孝义之家都买我的账，你们谁还敢不尊敬我？“郑氏家族郑德璋送螃蟹若干！”管家报送礼品的声音又一次响起来。毕竟来的都是些有头有脸、有智商的人，听到“螃蟹”二字，立刻想到那不就是“横行霸道”的意思吗？大家平日里基本都受到卢氏的欺压，看到这一景象，便情不自禁地笑了起来，暗暗赞叹郑德璋的勇气和智慧，也感谢郑德璋为自己出了口恶气。

乡绅卢氏还在为“螃蟹寿礼”百思而不得其解，看到大家都笑了，为了不显示自己的愚蠢，也跟着一起笑起来。吃过寿宴，大家都散了去，卢氏虽然全程赔笑，心中却还在纠结“螃蟹”礼物到底是个什么意思。只能叫来管家，问个明白。管家支支吾吾地说：“老爷，小的不敢说。”“让你说，你就说，少废话，不然有你好看的！”“那小的说了，您可不能拿小的撒气。”“说你的，我不治你的罪！”“老爷，螃蟹是横着走路的，送您螃蟹，就是在说您横行霸道！”

管家说完，十分了解老爷脾气的他赶紧闪到一边。说时迟那时快，卢氏听了管家的话之后，立刻将手中的茶杯摔到了地上，而管家刚好躲过去。

听说，那天很多人都听见卢宅内卢老爷歇斯底里的叫骂声：“竟敢说我横行霸道，给我等着，我一定叫你好看！”大家一传十，十传百，卢氏的恶行和愚蠢成了大家茶余饭后的笑点。

第三节 爱的吟唱

大爱无疆，郑氏家族从先祖郑照卖田赈灾开始，就将慈善活动确立为家族的一个传统。在家族的慈善事业中，每一代郑氏族人都为此做出了不懈的努力，他们就如同一个个音符，谱写了一首爱心之歌，传播着希望与美好。

郑照卖田赈济灾民，导致郑氏家族家道中落；而他的儿子郑绮在家中清贫的情况下仍然“呼妻卖簪”、割让土地来接济贫穷的老乡；到了五世孙郑德珪和郑德璋时期，他们在家族开始走向富裕的同时，再次重振家族的慈善活动，学习先祖郑照，在战乱灾荒之际开放家族粮仓，大规模进行施粥，救活了很多饥饿的百姓；元朝时期灾荒不断，流民四起，六世孙郑文嗣与郑文泰在街上用大锅煮粥，分发给难民，因为他们的善举而活下来的人亦不在少数……

其实，郑氏家族赈济灾民的活动以整个家族的经济力量为基础，是属于家族慈善事业的范畴，其方式是有着深厚的历史背景的。中国的慈善事业历史传统悠久，早在西周时期，朝廷就设有“司徒”一职，负责老弱病残和穷人的安抚工作。到了春秋战国时期，开始出现简单的民间慈善活动，其最主要、最流行的形式就是“施粥”，而这种方式也被历代所继承，所以我们在今天的古装剧中经常能够看到，那些大户人家都以施粥的方式来行善积德。在魏晋南北朝时期，出现了以佛教寺院为主的慈善机构。而到了宋代，慈善事业高度发展，出现了诸如现在的养老院、福利院、救济站等官方慈善机构，同时宗族性质的慈善组织也开始活跃起来，这也是郑氏家族发展家族慈善事业最直接的历史渊源。

宋代著名理学家朱熹在今福建武夷山地区创建“社仓”，储存粮食以作为借贷、救济之用。而同一时代的范仲淹在江苏苏州创立的“义庄”，则是中国古代家族慈善事业的里程碑，成为郑氏家族七世孙郑钦完善家族慈善事业的样板。

范氏义庄的建立主要有三点原因。第一，宋朝经济高度发展，民间贫富差距拉大，朝廷在进行慈善救济的同时也鼓励民间发展慈善事业。第二，范仲淹出身贫寒之家，对贫苦大众充满了关爱之情。第三，义庄作为家族的公共事业，可以凝聚宗族，壮大家族力量。宋朝建立前经过了五代十国的混乱时期，儒家宗法秩序遭到严重破坏，到了宋朝时期许多知识分子都大力发展儒学，提倡伦理道德和宗族发展，理学家朱熹和范仲淹就是其中的代表。因此，第三点也是义庄建立的主要原因。

义庄的功能主要是提供婚嫁丧葬、祭典、教育科举的费用，资助祠堂修缮，扶持贫弱，提供借贷等。因此，其作用可归纳为两方面，即凝聚宗族和扶危济贫，而这两点在无形之中又增加了家族的名望。义庄的受益者以范氏族人为主，并扩散到本地区的乡邻。虽然救助的范围有限，但它是属于慈善性质的组织。同时，义庄的管理权责分明，并有相应的监督措施，运行较严密。

范氏义庄的建立，开启了宋朝家族慈善事业的风潮，许多富有善心的大家族都开始建立义庄、善堂或施粥行善，其中就包含了郑氏家族。

郑氏家族发展到元明时期，家庭越来越富裕，人口也日渐增多，粮食、日常吃穿用度都是个不小的数目。而且，每年家族中都有嫁娶之事，这项活动支出在家族开销中占据很大一部分。所以，如果对嫁娶费用没有一个严格、统一的规定，他多他少，容易引起家族内部的矛盾。为了使家族团结、有序地发展，在六世孙郑文融和七世孙郑钦的努力下，郑氏家族模仿范仲淹的义庄而建立了嘉礼庄。

郑氏家族的嘉礼庄以上千亩田产、山产作为家族的公共财产，将每年的粮食所得作为家族发展基金，并随家族壮大视情况增加公共财产的数量。而这一基金最初是专门用来资助族人嫁娶所需的费用，并将嫁女与娶妻区别开来，规定不同数量的花销额度。后来，如果族人有饥贫的情况，也会从嘉礼庄中拿出部分粮食来接济族人。因此，嘉礼庄的作用从解决婚嫁之费扩展到救济贫困族人，成为家族内部的一个慈善机构。

除了嘉礼庄之外，郑氏家族内部还设立了祭田。即划出田地百亩作为家族公共财产，将其收入专门作为祭祀之用。祭祀是从精神、情感上来团结族人，是维系家族统一和发展的一项重要活动。因此，《郑氏规范》第五条规定，郑氏子孙应当永远保守祭田，若是有子孙想要卖掉祭田，则以不孝之罪来论处。第九十条规定：“为人之道，舍教其何以先，当营义方一区，以教宗族之子弟，免其束修。”从这一点可以看出，郑氏家族的慈善事业还涉及教育，而东明书院就是其中的一个成果。它虽然是为家族内部子弟而设，但乡邻子弟同样也可以免费入学。

此外，家规第九十一条规定，宗族之内若是有老无所依之人，郑氏家族子孙应为其划拨出适当的房屋供其居住。第九十四条规定，对于贫寒的宗族之人，郑氏子孙应对其抱有怜悯之心，在日常吃穿方面尽量对他们进行资助……郑氏家族内部的慈善事业基本涵盖了生活的各个方面，其公共财产的数量和慈善范围已经超过了当年范仲淹所创立的义庄。

因为家族内部一系列慈善措施的实行，郑氏宗族中的男女老少都各得其所，家族内充溢着祥和的气息，家族发展亦蒸蒸日上。而在家族之外，郑氏家族的慈善事业也被街坊四邻所称道。

坊间流传着这样一个故事，不知是真是假，却格外感人。那一年，天寒地冻，在仁义里一处隐秘的巷子里有一户贫穷的人家，屋内的气氛如外面的天气一样，凄凄惨惨。一个十几岁的小女孩正满脸泪水地照看着自己生病昏迷的爷爷。这个小女孩一直以来和爷爷相依为命，如今爷爷已经病了很久，家里再也没钱给爷爷治病了。虽然家贫，但小女孩也是有志气的，若不是万不得已，她从不想向他人张口寻求帮助。但爷爷的情况越来越糟糕，无法再耽搁了，所以她下定决心，拖着瘦小的身躯，一户户敲开邻居家的门，希望能够借来钱为爷爷治病。面对女孩的求助，邻居们都想尽力帮助，但这些人也都是普通人家，所能拿出的钱甚少。女孩有些绝望了，不过，这时有人恍然大悟地对她说：“你看看，你年纪小，可能还不知道白麟溪畔的郑氏家族，我怎么就把这家善人给忘了呢？他家向来心慈仁善，平时常常周济邻里间的孤寡老人。郑氏家族不仅扶危济贫，还救死扶伤，有一颗医者的仁心。你快去他家求助，他们一定会帮你的！”

带着无限的希望和一丝迷惑，小女孩向郑家大宅走去。自己和他们无亲无故，他们真的会无条件地帮助自己吗？她边走边想着，怯怯地敲开郑宅的大门，迎接她的是冬日温暖的阳光。她本以为自己穿着一身布满补丁的衣服，连郑宅的大门都进不去，没想到郑氏家族的人并没有因为她的落魄贫穷而对她冷眼相待，而是耐心地听她讲述自己的难处。更让她始料未及的是，郑氏家族不仅给了她药材，还派人和她一起回到破旧的小屋，查看爷爷的病症，以保证对症下药。

确定给老人拿了正确、充足的药材之后，郑氏族人便打算告辞。小女孩热泪盈眶地送走了来人，便赶紧回屋熬好药，喂给爷爷。“爷爷，您看，我们遇到了大善人，所以您一定要快点好起来，这样我们才能报答郑氏家族的恩德呀！”但是，老天有时就是很残忍，老人因为贻误了最佳的治疗时间，在几天后还是不幸离世了，留下了这个孤苦无依的小女孩独自一人料理他的丧事。

孝顺的小女孩想让爷爷入土为安，可是自己又买不起棺材，就在她打算要卖身换取安葬费的时候，前几日和她一起回家查看爷爷病情的郑氏族人又来了。原来，郑氏族人是来复查老人病情的，却没想到老人已经去世了。不过，郑氏族人也庆幸自己又回来看看，否则这个小女孩真的要去卖身了。因为郑氏家族设有义冢来资助穷人家或无子孙人家的安葬费用，所以对于小女孩面对的这种困境，郑氏家族是绝对不会置之不理的。最后，郑氏家族不仅帮助小女孩安葬了自己的爷爷，还帮她找了一户好人家收养她，让她不至于成为孤儿。

小女孩是不幸的，因为她唯一的爷爷就这样离开了她；而小女孩又是幸运的，因为她遇到了郑氏家族。

郑氏家族不仅将家族内部的慈善活动扩展到乡邻间，而且还设立了公墓、药市来帮扶有困难之人，并将其写入了家规之中，小女孩就是其中的受益者之一。《郑氏规范》第九十二条规定："立义冢一所，乡邻死亡委无子孙者，与给槥椟埋之。其鳏寡孤独，果无以自存者，时赒给之。"第九十八条规定："展药市一区，收贮药材。邻族疾病……施药与之。更须诊察寒热虚实，不可慢易，此外，不可妄与，恐致误人。"

郑钦常对子孙说："天下人是一家，对族人、乡邻应常怀担忧之心和关爱之心。"这样的郑钦，颇具有范仲淹"先天下之忧而忧，后天下之乐而乐"的宏伟胸怀。

"故人不独亲其亲，不独子其子，使老有所终，壮有所用，幼有所长，矜、寡、孤、独，废疾者，皆有所养。"《大道之行也》中这句著名的话就是郑氏家族慈善之心的写照。他们用慈善的心，弹奏出爱的吟唱。

第四节　“铁石心肠”与侠骨柔肠

郑氏家族有一个双面人，既被人视为“铁石心肠”，又被人称赞为侠骨柔肠，他就是生于元朝的郑铉。

宋濂曾描写到，郑铉自幼深沉稳重、不苟言笑，做人做事严谨认真，一是一、二是二，不容得半点轻慢懈怠，仿佛一位严厉的成年人。若是听闻有人说他的不是，他便会深入地反思和苛责自己，唯恐自己身上有他人所指出的缺点。面对自我要求如此严格的郑铉，就连与他关系最亲密的亲朋好友都不敢和他开一点儿玩笑，因为他们的语气一旦稍带玩味，郑铉则以白眼来警告对方，其眼神的犀利程度犹如冬日的一道寒光，摄人心神。大家可能会怀疑，这样一副“木头脸”的郑铉，怎么会有朋友呢？

其实，郑铉不仅有朋友，而且朋友众多，因为郑铉是令人敬畏，而不是令人忌惮。说起来，他和郑氏家族五世祖郑德璋的脾性有些相像，同样的刚直不阿、勇敢尚义。成年后的郑铉，负责主持家政，家族事务被他打理得井井有条，从不因自己的地位贪占家族财产的一丝一毫。有一次，郑铉去参加一个宴会，而他这个郑义门主家政之人的到来引起不小的骚动，不仅受到许多宾客的纷纷赞美，还迎来宴会中表演歌舞的女子们一道道倾慕的眼光。当时有位胆大的女子，使尽浑身解数，对他百般撩拨，但已有妻室的郑铉始终不为所动，严词厉色呵斥她远离自己。在许多大户人家的老爷看来，男人在外风花雪月是正常事，郑铉却如此“不解风情”，不懂得“怜香惜玉”，被大家认为是“铁石心肠”“冷漠无情”之人。

但就是这样一个对自己、对他人“铁石心肠”的郑铉，却也有侠骨柔肠的一面。

郑铉为人直率、真诚，因此交友甚广。他曾与揭傒斯、黄溍这样的文人雅士饮酒作诗，一群胸怀坦荡、满腹文采的人在一起，兴致浓时便忘记了时间，白天游山玩水，深夜里还要再秉烛夜游一番。身为一介布衣的郑铉，还能够打破身份地位的局限，与一些朝廷官员成为好友，比如元朝作为丞相副手的参政忽都鲁沙就曾与郑铉交游，结下了深厚的情谊。有些不了解郑铉并心怀嫉妒的人，暗自里议论纷纷：平民与官员哪里来的真情谊，说不定是郑铉在攀附权贵。但他们若是知道了下面这件事，一定会为自己所说过的话感到惭愧。

忽都鲁沙的儿子本是一名小官员，家中有十几口人，可谓是上有老、下有小，要养活这样一家人，岂是一件容易的事？之前，一家人全靠着他做官的俸禄维持生计，可是后来他却因事被免，全家从此失去了这唯一的经济来源。在那样一个连年灾荒，朝廷横征暴敛，农民起义频发的元朝，社会经济萧条，忽都鲁沙的儿子又无其他特殊手艺，所以很难再找到谋生的工作。一家人的日子过得十分清苦，每顿饭都是清汤寡水，连粗茶淡饭都算不上。大人还可以勉强坚持度日，小孩子却是每日饿得哭闹不停。眼看他们家连稀粥都喝不上了，如果这时有谁能来帮他们一把，那这个人对于他们便是救苦救难的观世音菩萨了。在他们正祈祷之时，这个人真的奇迹般地出现了，他就是忽都鲁沙昔年的好友——郑铉。

由于两家不在同一个县，所以彼此的联系也没有特别密切，郑铉对于忽都鲁沙儿子一家的情况并不是特别清楚。一日，走在街上的郑铉偶然听到有人在谈论忽都鲁沙家的情况，便停下脚步侧耳倾听，“忽都鲁沙的儿子被免了官，一家十几口都快穷得活不下去了……”那两三个路人如此小声谈论着。听到这，郑铉的心一下子沉了下去，好友的儿子家真的落得如此境地吗？如果是这样，自己怎么能坐视不理呢？不管情况是否属实，放不下心的郑铉决定亲自去忽都鲁沙儿子家看一看。

郑铉风尘仆仆地赶到忽都鲁沙儿子的家里，看到这一家十几口人个个面黄肌瘦，满怀痛心之余又开始在内心严厉地责备自己：自己怎么这么晚才了解到这一家子的情况呢？只要自己之前稍稍留心打听他们的情况，也不至于让他们吃了这么多苦！是自己对不起好友忽都鲁沙啊，没有及时帮助他的子孙们。不过，从今天开始，自己一定会尽力让他们过上不愁温饱的日子。于是，郑铉怀揣着一颗诚挚和弥补的心，通过与忽都鲁沙儿子进行协商，将他家十几口人都接到了浦江来生活，以便他就近照顾他们。忽都鲁沙儿子一家在浦江毫无根底，要想过上稳定的日子，不是一蹴而就的。这一适应并稳定扎根就是三十余年，而郑铉也在这三十余年中坚持资助他们的衣食，对他们嘘寒问暖、关心备至。

能够对好友儿子一家进行几十年的关怀与帮助，谁还能说郑铉是“铁石心肠”？“冷漠”的郑铉一旦柔情起来那也是泛滥绵长。

在郑氏家族的邻居中，有一位眼盲腿跛之人，生活基本不能自理，却又没有家人照顾，只能拄着一个拐杖各处颠簸乞讨。郑铉可怜他身体不便又孤苦无依，便毅然承担起照顾他的责任，为他提供衣食住行之便，这位邻居因此得以在郑氏家族安享晚年，直至去世。去世时，老人是带着笑容离开的，因为在弥留之际，他回想起了自己的一生：身体残疾、无人照顾的确令人哀怨，自己也曾哀叹上天为何对自己如此残忍。但老天又让自己遇到了郑铉，给了自己无微不至的照顾，让自己感到了久违的亲情和温暖，人生还有什么遗憾和不满足呢？

赠人玫瑰，手有余香，十里八街的百姓们都在称赞郑铉是一个爱心满溢的人，郑氏家族孝义的名声也因此更加响亮。每天早晨，都有一群人汇聚到郑宅门前，翘首等待。因为他们知道，郑氏家族的郑铉每日都会亲自携带饭菜分给饥饿的百姓，来到这里，自己咕咕作响的肚子就有着落了。

郑铉的悲天悯人并不只局限于好友和邻里，他还有一颗关怀天下苍生的心。

郑铉曾经行走元朝京师，当时他的儿子郑泳和侄子郑深在脱脱家当教师，郑铉便利用这一层关系，积极争取进谏机会，向脱脱上书千言，针砭时弊。后来，他的很多想法都被脱脱采用，郑铉一直以来想要对社会苍生谋福利的愿望也得以实现。更令人肃然起敬的是，在危险面前，郑铉曾不顾个人安危，以惊人的胆识拯救了一方百姓的生命财产安全。

这就是郑铉智勇退敌的故事。

元朝末年，农民起义频发，朝廷自顾不暇，内部管理混乱，平时一些不安分的大将趁机起兵造反。负责军政事务的枢密院判官阿鲁灰就是其中一员。据《元史》记载，阿鲁灰所带领的大军纪律松懈，他行军走过的地方，每次都如秋风扫落叶般被大肆掠夺。此时，趁朝廷混乱，他再一次借手中兵权，带领五万大军来到浦江县，准备掠夺地盘、搜刮民财。

一夜之间，五万大军便兵临城下，四处弥漫着“黑云压城城欲摧”的紧张气氛。大军一路走来，不仅抢夺民舍来居住，还掳掠鸡犬牛羊作为自己的下酒菜，活生生的一群强盗样儿，哪里还称得上是朝廷大军？附近方圆二十里内，一片萧条破败之景，百姓们慌乱逃窜，叫苦不迭。慌乱之中，郑铉急中生智，挺身而出，站在了大军面前。

面对声势浩荡的千军万马，郑氏家族七世祖郑铉竟敢一个人上前对峙。这样一个情景怎么看都觉得似曾相识，这不就是蚂蚁和大象的博弈吗？双方力量如此悬殊，弱小的郑铉能否像蚂蚁那样战胜大象，击退这千军万马呢？

郑义门的名声，阿鲁灰还是有所耳闻，并心怀敬畏，便稍停了下来看看这郑氏大家长想要干什么。只见郑铉面容严肃，大义凛然地对首领阿鲁灰说：“阿鲁灰将军，难道您不是军队统帅脱脱太师的副将吗？当年，太师脱脱私自率军征讨高邮，在军纪严明、毫无过错之下，还被贬离开了朝廷。您的士兵今日竟如此恣意妄为，大逆不道，难道您就不想想您这样做的后果吗？若是有一人将您的所作所为禀告朝廷，不知道阿鲁灰将军您将如何应对？”

郑铉短短的一段话，却说到了要害之处，字字敲打在了阿鲁灰的心上，他瞬间大惊失色，之前的一脸戾气也烟消云散。内心大呼不妙，责备自己太过贪婪、鲁莽，竟未想过自己之后可能遭遇的境况。如今，阿鲁灰只能强装着一副无所谓的样子，问郑铉觉得自己该怎么办，却没发现自己的语气中已经有了一丝颤抖。看来阿鲁灰已经被自己的话打动，郑铉便乘胜追击，继续说道："将军您想要全身而退，其实并不是很难。浙东地区的百姓多据山而居，性格柔顺，容易驯化。您若是能够将百姓聚集起来，进行安抚，阻止其他军队到浙东进犯，使百姓生活安定，执政者还会挑出您的毛病，治您的罪吗？"

阿鲁灰认为郑铉的分析的确有道理，为保住自己的官位与性命，他最终整顿军队，离开了浦江。百姓们一片欢呼，赞叹郑铉智勇双全，而郑铉却是面色平静，长舒一口气。他怎会没有想过，自己的劝谏是否能够成功无法预测，万一失败，首当其冲的就是自己。可在那万分危急的时刻，他怎能不顾黎民百姓的安全？还好，自己最后成功了。

郑氏家族的孝义之行，令人敬佩。元末明初时虽有大军数次入境浦江，但所有军队的将军全都不约而同地命令手下军士，不可以冒犯郑氏家族。因此，郑氏家族也得以安然度过战乱。

在郑铉的身上，"铁石心肠"和侠骨柔肠并不矛盾，正是二者的存在，才演绎了一个严肃、多情的郑铉。

第五节　福建有个“郑青天”

福建有个“郑青天”，铁面无私辨忠奸，为民请命言诸将，巧破盗贼弑商案。这个福建百姓心中的青天可不是开封的包拯，而是郑氏家族的八世孙郑湜。

当年郑湜和哥哥郑濂争着入狱，最后郑湜却因祸得福，被朱元璋任命为福建布政司左参议，协助福建省最高长官管理政务，并分管粮食储备、水利、军务等事务。朱元璋对郑湜的封官可不仅仅是因为欣赏郑湜的孝义，还因为郑湜确实是才华横溢。郑湜著有《治述》十卷、《高士外传》一卷，除此之外，他还是一位擅长弹琴的音乐家，其演奏虽称不上高山流水，但也能让人如痴如醉。这样一位浑身散发着儒雅气质的人，也能侠肝义胆地保护哥哥郑濂，如此充满魅力的郑湜怎能不让朱元璋欣赏和器重？因此，郑湜担任布政司左参议一职，也是恰如其分。

郑湜要到福建上任的消息很快传到了福建老百姓的耳朵里，一个个心里都充满了期待。但是，福建的百姓为何会如此兴奋呢？原来，浙江和福建两省相邻，来往于闽、浙两地的人对浦江郑氏家族的孝义事迹是耳熟能详，听说郑氏家族那个与哥哥争着入狱的八世孙郑湜要来福建做官后，便兴高采烈地与他人谈论起郑氏家族的故事。大家一传十，十传百，最后，百姓们都知道了郑氏家族的孝义家风。大家都认为，郑湜到来后，福建的政治一定会政通人和，百废俱兴。因此，对于郑湜来福建上任一事，百姓们的心里激动不已。同时，出于对郑氏家族的尊敬，大家也开始互相警告，不要冒犯了这孝义之人。

在万众期盼之中，郑湜走马上任，而他也不负众望，用实际行动向百姓们证明，他们并没有看错人。到了福建之后，郑湜便不顾旅途的辛苦，在白天，马不停蹄地到处考察，以最快的时间了解了福建的民情民风；在夜里，衣带不解地阅览当地几年来的政务。通过废寝忘食的努力，郑湜对于福建的基本情况已经了然于胸。

福建境内河谷、盆地、丘陵交错，不仅河流众多，还有绵长的海岸线，雨量丰沛，光照充足，适合多种农作物的生长。因为这样的地理环境，当地的航海、造船、海洋贸易都很发达，同时也有水产养殖业、纺织业等。但是，福建也因为位于中国的东南沿海一带，经常遭到倭寇的袭击……刚到福建不久的郑湜俨然已经成为一个当地人，甚至比当地人还要了解福建的情况。通过对以往政令和福建现实情况的对比分析，郑湜以雷厉风行之势对之前政策的不当之处进行了革新，并颁布了一系列的新政。多个贪官污吏被严惩，水利设施的建设和农作物新品种的引进让农业更发达，更加宽松的经济政策使百姓的生活更富足……

一时之间，福建的政治万象更新，黄发垂髫，怡然自乐。无论是茶馆里听戏的百姓，还是街上的小贩和路人，他们的谈话肯定都有一个共同的内容，那就是："郑老爷真的是位好官啊，老百姓的日子肯定能越过越好！贪污的县官都被严惩，看看这以后谁还敢贪赃枉法，胡作非为……"这几日，位于城中茶馆角落里的一桌，被人围得水泄不通，热闹非凡。原来是一个口才不错的人，正在绘声绘色地和大家讲述郑湜近来的作为，虽有些夸大其词、添油加醋，但也道出了事情的原委：

"郑老爷对贪官严厉，对老百姓可是宅心仁厚。前几日，南靖县发生了一起骚乱，被连累而冤枉入狱的百姓有数百家，很多妇女都被官兵掠去当了家奴。毕竟是师出有名，要是以前的长官肯定就对底下官兵的作为睁一只眼，闭一只眼了。但是我们的郑老爷是谁啊？那可是咱们百姓的青天大老爷啊，这件事传到了郑湜老爷的耳中，那些被误抓的百姓们的命运一下就有了转机。听说，郑老爷将手下的官员将领召集到一起，对他们放任手下欺侮百姓的行为痛批了一顿，然后又对他们说教一番，责令他们立即释放那些与骚乱无关的人员。要想让别人心悦诚服，自己首先得行得正、坐得端，而我们郑老爷恰恰就是这样一个人。可想而知，到了最后啊，这些官兵一个个低头认错，不敢抱怨一句。那些蒙冤被抓的百姓本来已经不抱希望，想着鸡蛋碰不起石头，自己家倾家荡产也赎不起自己，还以为就一辈子为奴为婢了。万万没想到郑老爷为自己主持公道，获得自由之时，都哭得热泪盈眶，不能自已。

"还有一件更传奇的事，因为郑老爷的到来，很多山匪盗贼已经不敢在此作乱，我们福建可是一片太平景象。可是，前一阵，就有两个贼人自作聪明，挑战郑湜老爷的智商，以为只要不留下证据，即使被抓住，到时候抵死不承认，那郑老爷也拿他们没办法。所以这俩人就开始在商人频繁来往的路上蹲坑守点，伺机抢劫。没想到，这次还真让他们逮着了，有两个商人也以为当今治安良好，不会有什么事发生，在赶路时就比以前放松了戒备，不幸羊入虎口。两个盗贼手持被磨得刺眼的大刀，凶神恶煞地堵住了他们的去路，‘此路是我开，要想从此过，留下买路钱！’未曾想到会遇到盗贼的商人被吓得拔腿就跑，这可惹怒了盗贼，他们挥舞起手中的白刃，开始抢夺货物，杀人灭口。其中一个商人不幸被杀死，而另一个侥幸逃脱，一路不敢停歇，跑到官府，求助郑老爷。

“在自己的辖区内，竟发生了如此残忍之事，郑老爷相当自责和气愤，立刻召集众官兵，定要彻查此案。根据幸存商人对盗贼长相的描述，画师绘出案犯头像，官兵立刻将画像张贴于大街小巷，并宣布重金悬赏举报之人。这两个逃犯成了人人喊打的过街老鼠，最后，在官民的精诚合作之下，盗贼被郑老爷擒拿入狱。可是，被抢夺的货物早就被这两个盗贼变卖的变卖，销毁的销毁，缺乏物证，而被杀害的商人也找不到尸体。如今只有另一个商人作为人证，由于证据缺乏，两个盗贼拒不认罪。这时，他们还庆幸郑湜是个孝义的人，要不然，他们肯定会受到重刑，最后‘屈打成招’。看着郑老爷拿他们没办法，这俩人愈加得意忘形起来。

“你们认为郑老爷真的像盗贼所想的无计可施了吗？那你们就是大错特错了！我们的郑老爷这叫‘欲擒故纵’！他是打算让盗贼先放松警惕，然后在他们不留意之时，从其口中得到犯案的信息。让两个盗贼放松得差不多了，郑老爷突然在夜里提审二人。但两人只是被捆绑到空荡荡的大堂之内，没有任何人来审讯他们。盗贼以为郑老爷因为无法破案，便开始瞎折腾，就更加肆无忌惮起来，何曾料到聪明的郑老爷早就派人躲藏在案桌下，暗中观察他们的言行举止。夜半无人，两个盗贼也是无聊寂寞，便开始交谈起来。这种人在一起还能谈什么？自然是他们的‘丰功伟绩’了。他们嘲笑郑老爷无法破案，自诩聪明地说自己把那个商人的尸体藏到了郊外的水井之中，不可能被人发现。所以最多坐两天牢，最后就会被释放……

“第二天一大早，藏于案桌之下的官差将自己得到的消息汇报给了郑老爷，郑老爷对他的辛苦蹲守大加赞赏，然后赶紧升堂对案犯公开审讯。上堂之后，郑老爷首先大声呵斥他们的心狠手辣，然后直接道出两人藏匿尸体的地点。二人是大吃一惊，不经大脑、自言自语地说：‘自己将尸体藏在井中，郑大人是怎么知道的？’堂上官差及围观群众可都听见了，这下他们再也无从抵赖了。最终，案件被侦破，两个盗贼也伏法。”

百姓们都听得津津有味，觉得这可比说书有趣多了，直到故事讲完，还觉得意犹未尽。说故事的人走出茶馆大门，远远地传来一句：“郑老爷的政绩硕果累累，一天是说不完的，想要听，我明日再讲！”

郑湜的政绩众多，于是，在他任职福建期间，城中的茶馆一直热闹非凡。

第六章

相亲相爱，笙磬同音

郑氏家族，是一个相亲相爱的家族。在这里，父慈子孝、兄友弟恭、夫妻和顺、妯娌和睦。也许，有些情感方式表达得过于极端，但是，他们让我们看到了一个团结、充满爱的集体，也给我们带来一个又一个感人至深的故事。

第一节　鸟儿也为你盘旋

有一种情，叫做生死与共；有一种爱，叫做手足情深；有一种兄弟，叫做郑德珪与郑德璋。

郑德珪与郑德璋兄弟两个，一个稳重而富有才识，一个勇武而刚直不阿。虽然两人的个性看起来相差了十万八千里，却都是富有爱心且情感真挚之人。敢爱敢恨的他们，称得上是相互欣赏，志同道合。因此，两人从小便形影不离，关系亲密，白天他们在一张桌子上读书学习，晚上则同盖一床被子入睡，他们一起巧擒乱贼，也一起救济灾民……郑德珪与郑德璋为我们生动地演绎了什么叫做手足情深，而当真正的灾难来到，面临生死抉择之时，这兄弟俩又会如何表现呢?

郑德璋一向刚正直率，一旦遇到自己看不惯的人和事，必定会拔刀相助，但因为自己这“好管闲事儿”的毛病，也得罪了不少人。有些人也就是在背后埋怨埋怨郑德璋就算了，但有些人特别记仇，总想着找个机会好好报复郑德璋，让自己一雪前耻。宋朝灭亡不久之后，元朝在全国的政权刚刚建立，两朝更替，各种政治问题正处于敏感时期。郑德璋的一个仇家便抓准了这个机会，趁机以“莫须有”的罪名诬告郑德璋。不幸的是，郑德璋一下子就被判了个死罪，连他自己都想不明白，自己平时是非分明，从来不做伤天害理、违法犯罪之事，到底和谁结下了这血海深仇，对方出手竟然如此狠戾。

被判押解到江苏扬州的郑德璋，正带着不解和气愤，也戴着手铐、脚镣在辛苦赶路。而他在遭受着被囚之苦的同时，郑德珪也同样备受煎熬。因为从小与自己同吃同睡，感情深厚的兄弟如今遇此大劫，郑德珪怎能无动于衷？作为哥哥，弟弟勇武尚义的个性自己再了解不过，总想助人为乐，却意识不到自己在伸张正义的同时，已经得罪了不少人，如今也因此被诬陷成死罪。郑德珪埋怨自己为什么没多提醒弟弟几遍“宁得罪君子，莫得罪小人”的处事原则。一想到弟弟蒙受的冤屈和苦难，郑德珪便寝食难安，心里仿佛在滴血。痛苦过后，冷静下来的郑德珪想道：自己和弟弟一直以来都是有福同享，有难同当，但是长兄为父，在大难面前，自己必须替弟弟受苦，这才对得起“兄长”这一称呼。

事情紧急，郑德璋的性命危在旦夕，郑德珪顾不得另想他计，抱着视死如归的心情，快马加鞭赶往扬州，想要以身代之。知德璋者莫若德珪，弟弟那爱护家人、一人做事一人当的个性怎么会同意让自己代替他受刑，才思敏捷的郑德珪想到自己必须用计说服郑德璋。打点好官差，郑德珪终于见到了弟弟。由于见面的时间有限，郑德珪并没有像其他人一样在危难、生死面前，和家人儿女情长，而是想着赶快救出弟弟。他装出一副惭愧的样子，骗郑德璋说："那个人是想害我的，这与你何干啊？我去服罪，说明事情的来龙去脉，那这恶人的奸计就不会得逞。真相大白之时，我就可以洗清冤屈，安然归来。你是案件的无关人员，却来抵罪，到时候说不清道不明的，那不就是去送死嘛！"

说完，郑德珪就要和弟弟交换囚衣。几个官差看着这兄弟二人手足情深，内心也是十分感动，想如果自己能做主，干脆放了这两人，可惜自己也是受命于人，爱莫能助。但君子成人之美，对于郑德珪要代替郑德璋受刑一事，他们就索性睁一只眼，闭一只眼了，反正两人是兄弟，只要能有一个人跟他们走，让他们交差就行。对于哥哥善意的谎言，直肠子的郑德璋并没有立即反应过来，在他琢磨着哪里不对劲儿时，郑德珪已经整理好行装，跟着官差上路了。

虽然郑德璋做事直来直去，不喜欢拐弯抹角，但他并不是愚笨之人。哥哥刚走不久，他便识破了哥哥的谎言，心里大呼不妙：哥哥这是在舍命救自己啊！相对于自己，他更是什么都不知道，怎么可能拆穿仇人的奸计而获救？哥哥此去，很可能从此天人永隔，自己一定要换回哥哥！想到这一点的郑德璋，立刻去追赶哥哥。

官差们正押着郑德珪在浙江诸暨境内的客栈休息，不曾想到好不容易脱身的郑德璋不赶紧回家，又不要命地赶回来，让他们抓他。而郑德珪则竭尽全力地求官差不要听弟弟的话，大声叫喊自己才是他们要抓的人。官差们想着自己已经大发慈悲，承受掉脑袋的风险让他们交换了一次，这已是仁至义尽，可不能再让他们瞎折腾，到时候事情闹大了，自己也跟着遭殃。所以，官差们并没有理会郑德璋的请求，只能无奈地感慨：怪事年年有，今年特别多，哪有人争着去送死的！

请求官差遇阻，郑德璋只能来到哥哥面前，劝他放弃代替自己受刑的想法。而郑德珪则以兄长的口吻，命令弟弟听从自己的话，不要再牵涉到此事之中。其实，两个人心中都清楚，对方一旦决定的事，便不可更改，怎么可能劝得动呢？最后，兄弟俩不再说话，只是相拥痛哭。郑德璋决定，如果哥哥不同意，那他就一直跟着哥哥。谎言已经被识破，郑德珪也知道自己劝不走弟弟，只能任弟弟留下来。同时，他也在暗自另想办法，阻止郑德璋同行。

夜半时分，一直假寐的郑德珪睁开了眼睛。看着因匆忙赶路和担惊受怕而终于熟睡的弟弟，郑德珪脸上露出了安慰、慈爱而决绝的复杂笑容。为了让郑德璋无法再追赶上自己，他将弟弟牢牢地捆在了客栈里，然后趁着夜深人静和官差一同从偏僻的小路上路了。今日一别，郑德珪再也无法和亲爱的弟弟一起读书，一起行侠仗义了。离开客栈前，他深情回望着弟弟，良久，心中默默道一声珍重，带着两行清泪，毅然转身。

郑德璋醒来后，才发现哥哥与官差都已经不见，连忙喊来人帮他松绑。顾不上已经酸麻的身子，他到处向人打听哥哥的去向，可是郑德珪之所以走得那么隐秘，就是为了不让郑德璋得到他的消息。心急如焚的郑德璋，自从醒来后还滴水未进，如今对哥哥的去向又毫无头绪，最后无力地跌坐在了地上，两眼呆滞，毫无生气。不过，他的心里还是在焦急地思考着：哥哥到底是走到哪条路啊，这样下去，自己无法在路上拦截住他们啊！既然无法在途中进行拦截，那就只好到终点去阻止哥哥了。对啊，自己可以快点赶到扬州，若是能比他们早到一步，也许还来得及。

郑德璋“腾”的一下站了起来，以最快的速度收拾好行装，跃身上马，阵阵“嗒嗒”的马蹄声响起，如同他的心一样“扑通扑通”地跳动着。他在心中一遍又一遍地祈祷：一定要赶得及，一定要赶得及！一路上不眠不休，郑德璋终于来到了江苏扬州境内，可是他还是来晚了一步，此时，郑德珪已经死于狱中。郑德璋听说之后，悲痛欲绝，跪地痛哭，那撕心裂肺的程度让来往的路人都不禁流下伤心的泪水。因悲伤过度，郑德璋昏厥了数次，到了最后，泪水已流干，喉咙已哭哑，他再也哭不出来了。真想就这样和哥哥一起去了，但是想到哥哥在牢中还尸骨未寒，他必须振作，不能允许自己倒下去！勉强打起精神，郑德璋背起哥哥的尸骨，带着一路的沉默和悲伤，回到了浦江。

哥哥是为救自己而丧了命，郑德璋对此一直耿耿于怀，难以心安。安葬好郑德珪的尸体后，郑德璋决定在哥哥的墓旁搭建茅屋，为哥哥守墓。两年间，郑德璋在此戒酒戒荤，每天都来到哥哥的墓前，除尘除草，和哥哥诉说自己的心里话。每到动情之时，郑德璋便会发出痛彻心扉的哀号。而这时，周围的乌鸦和鸟儿也会聚集在坟墓的周围，久久盘旋，不肯进食，也不肯离去。也许，它们是在哀痛郑德珪的离去；也许，它们是被郑德璋的悲恸所感染；也许，它们是感动于郑德珪与郑德璋兄弟二人的手足情深。

哥哥离去了，守墓期间的郑德璋也在思考着以后的人生。他知道自己还身负重责，而且也要替哥哥完成未竟的事业。那就是振兴郑氏家族，关爱哥哥的遗孤郑文嗣和家人……很多事都在等待他去完成。

两年后，郑德璋结束了守墓，刚直勇武之中又增添了沉着稳重的气质，他开始全身心投身到家族的发展当中去。侄子郑文嗣，从小因病而背部佝偻，郑德璋对他格外关心，视如己出，郑文嗣也得以在充满爱的环境中长大成人。

手足情深，生死与共，这就是郑德珪和郑德璋，这就叫做兄弟。

第二节 淡然如他，决然亦如他

清瘦而优雅的他，天生有着一副七窍玲珑的心，超凡脱俗，与世无争。若是能如此风轻云淡下去，这样的人生岂不快哉？但是，梦想与现实总是有很大的差距，仙风道骨的他毕竟生于凡尘俗世之中，面对诸多的牵绊，他是选择放浪形骸、独善其身，还是选择入世随俗，兼济天下？

郑氏家族八世孙郑洧（wěi），字仲宗，生活于元末明初。郑洧就是这个天性淡然的他。郑洧自幼淳朴笃实，聪明好学。俗话说一天之计在于晨，祖逖是闻鸡起舞，而郑洧则是闻鸡学习。为了督促自己抓紧一切时间学习，他将鸡笼放到自己的床边，一听到鸡鸣，他便立刻起来学习。这样的郑洧，颇有郑氏先祖郑绮当年“挂书牛角”的刻苦精神。后来，郑洧在东明书院从师于宋濂，在宋濂的指导下，他更是每日畅游于文学之中，熟读经史，精通儒家学说。

正所谓“读书破万卷，下笔如有神”，郑洧笔下的文章，不仅气势恢宏，磅礴大气，也如行云流水般自然畅快。虽然当时的很多名师巨儒都对郑洧的文章和见解赞不绝口，劝他入仕为官，但他始终不为所动，只是微微一笑，平静而淡然。郑洧给人的感觉，就如一阵清风，舒缓且疏离。富贵名利，从来都无法吸引郑洧这一朵圣洁的白莲，也许只有那陋室香茗、轻舟白鹭才是他真正的归宿。而且他满腹的文采仿佛也只有在纵情山水之时才能得到最美的绽放，正如他的诗歌《中秋湖上》：“舟行湖上渺无穷，极目天涯见落鸿。”亦如他的《双溪小隐歌》：“饥餐六气饱于饭，渴饮零露甘如饴。”

这样遗世而独立的郑洧，难道真的不食人间烟火吗？其实，他只是生性淡然，而在他平静如水的外表下，有一颗无比炽热的心，只是他太知晓如何收敛自己的感情，才让那些不了解他的人觉得他有些过于清冷。实际上，在郑氏家族中，上上下下的人都十分欣赏郑洧，因为他敬爱长辈，友爱同辈，恪守礼节，崇尚道义，雍容大方，温雅和顺。郑洧给予每个人以尊重，同样，他也换来了别人的尊重。

同时，在郑洧的心中，始终有一个伟岸的形象，那就是他的父亲。父亲郑钜不仅腹有诗书、善于文辞，而且精通医术，常常以药济人。不过，郑钜在追求自己理想的同时，并没有忘记持家的重责，为家族的发展奉献了自己的一片丹心。有父亲作为榜样，郑洧自然是时时刻刻不敢忘记自己的身上也担有持家的重任，而且这比自己追求的理想更加重要。

若是可以，大家都希望郑洧就如此淡然下去吧，因为他值得拥有这样的快乐。可是当家族的发展需要他时，郑洧那一颗火热的心怎么会容许自己对此视而不见？

元末明初，兵荒马乱，盗贼四起，很多大户人家不是毁于战火，就是被盗贼抢劫一空。叔叔郑钦、郑铉等人每日除了忙于维护家族、乡里安全外，还要救济灾民。面对家国危难，郑洧毫不犹豫地放弃了自己潇洒快意的生活，投身到守护家园的事业中。打理山园田地，维持家族秩序，在战火中为族人、乡邻运送衣食……车马混乱之中，郑洧在其中穿梭忙碌，但人们一眼就能认出，那个一身淡然的人，便是郑洧。

这样重感情的郑洧为什么要收敛自己的情感呢？有人说，这是因为他对现实社会的认识比其他人更加深刻。其实郑洧早就意识到，宠辱只在一线之间，像郑氏这样一个大家族，朋友很多，敌人亦很多。虽然受到朝廷统治者的青睐，可是他可以让你登至云间，也可以让你瞬间跌落深渊。回首郑氏家族的发展史，五世祖郑德璋被冤，哥哥郑德珪代之而死；而最给郑洧警示的，莫过于他的堂兄弟郑濂和郑湜争相入狱，虽然最后逢凶化吉，但也是让人胆战心惊；而郑氏家族的好友宋濂，虽曾荣耀至“明朝开国第一文臣”，最后也因触犯龙颜而晚年悲凉。淡然的郑洧，或许看透了人生起伏，达到了“不以物喜，不以己悲”的境界。

也许，就像人们所认为的那样，郑洧已经达到了豁达淡然的境界，所以在战乱之中，他能够镇定自若地为族人、邻居运输衣食，而不顾自己的生命安危。但是，他的淡然只是对自己，对待他人时，他是怀着担忧而关怀的心情，也正因如此，淡然的他才能表现得如此决然。

要想真的不为外物所影响，是何等的艰难！因为郑洧的眼中不是只有自己，他最不能割舍的就是对家人的爱。所以，在面对家人的事情时，郑洧也有热血、激动的一面。

据《明史》记载，1387年，朱元璋下诏，命令太学国子生分赴各个州县，划定粮区，以方便朝廷征收赋税、分派劳役并保护土地所有权。在这一过程中，要测量田地方圆，以字号排次，并书写所有人的姓名和田地尺寸，最后绘制成册，因其形状非常像鱼鳞，所以被称为“鱼鳞图册”。鱼鳞图册一旦制成，土地所有人必须按照图册所记载缴纳赋税、承担徭役，有些人便开始暗中贿赂丈量之人，希望他们能在绘制过程中做些手脚，以便让自己之后能少承担些赋税徭役。

然而不久之后，“鱼鳞图册”受贿之事就被揭发出来，凡是与行贿受贿有一点关系的人，都受到牵连而被处死。当时，郑洧的堂兄郑濂是郑氏家族的大家长，也是浦江地区的粮长。案件发生之后，有人指出郑濂对绘制“鱼鳞图册”一事负有监督之责，但是浦江却有贿赂事件发生，郑濂这个粮长不仅犯有失职之罪，也很可能为了郑氏家族的利益进行了行贿。高处不胜寒，郑濂虽然并未在“鱼鳞图册”之事中行贿，却也因自己的地位而被举报，被判押往京师，处以死刑。

郑氏家族，满载一身荣誉，却也是祸事不断。如今郑濂再次受到牵连而被治罪，家人在悲伤、担忧大家长郑濂前途命运的同时，又回想起之前郑氏族人那些被诬陷牵连的一件件往事，不禁不寒而栗。因为他们无论如何都忘不了先祖郑德珪冤死狱中，郑德璋悲痛欲绝，连乌鸦、鸟儿都为此翔集绝食的惨状。在大家惊恐不安之际，一向淡然的郑洧按捺不住内心的激动，率先坐不住了。

他毅然决然地站了出来，发出自己人生最后的宣言：“此次一去，必然无法再回来，如今我的兄长郑濂已经八十岁了，让这样一个白发苍苍的老人去受刑，我心难安。我们家族向来被称为郑义门，先祖郑德珪就是兄代弟死，难道我就不能代替兄长而受死吗？所以，我自当代替兄长受罚。”

言毕，郑湜又恢复了往日淡然的模样，没有一丝痛苦，也没有一滴眼泪，便毅然地跟着官差离开了郑氏家族。他给家人的感觉，仿佛不是去受死，而只是去做一件平常事，做完了，他便可归来。可正是郑湜那一副无所谓的样子，更让人心疼，因为他再也不会回来了。他本可以过着闲云野鹤的日子，可是为了家人，他入世随俗，从不抱怨；他本可以置身事外，可是为了家人，如今竟舍弃了自己的生命。他从不轻易外露自己的感情，却有着真正的热心肠。他总是这样，委屈自己，成全他人。

同年七月八日，郑湜死于南京。传说那一日，乌云密布，狂风骤起，整个天地间似乎都在悲哀这颗星辰的陨落。是啊，这样一个仁人义士，谁能不为之悲伤？尤其是浦江县的乡亲们，哀伤更重。为了赞扬并纪念郑湜的义行，他们私下里称郑湜为“贞义处士”。

方孝孺曾撰文说：“郑氏先祖，长兄代弟弟死于狱中，已经是世间难有之事。三世之后，又有郑湜奋然替兄受死，而毫无为难之色。郑湜舍生而取义，求仁而得仁。郑氏家族的仁人义士之风，真可谓是先后辉映。”

岁月流转，历史轮回。郑氏家族中再现手足情深的一幕，可这种情真的太过沉重。不过，收获与付出从来都是成正比，郑氏家族的壮大和孝义名声的获得，就是靠这代代郑氏族人的不断付出，甚至是以生命为代价才换取来的。

第三节　西瓜，一个无法忘怀的忧伤

有人说，没有西瓜的夏天不叫夏天，可见，清甜解渴的西瓜是深受人民大众的喜爱的。可是，有一个人一见到西瓜就失声痛哭，这是喜极而泣，还是另有隐情？

这个奇怪的人就是郑氏家族的八世孙，郑渊。郑渊，字仲涵，就是那个淡然如白莲的郑洧的哥哥。他也同样从师于宋濂，而且其刻苦学习的程度并不逊色于郑洧。郑渊曾担任月泉书院的山长，擅长运用古文辞藻的他，不仅是元末明初一位小有名气的诗人，而且著述颇丰，有《遂初稿》十卷、《续文类》十卷。兄弟连心，郑渊也是有着自己的一副傲骨，不愿逆来顺受，在世俗面前妥协。因此，他的文章独树一帜，颇具个性，这也使得他在科举中碰壁落榜。郑渊便放弃入仕，潜心研究学问，从文章研究到儒家经史，所以他也是一个既通文章诗词，又通经史子集的学者。

从这些方面看，郑渊与郑湑是很相似的，不过，在情感方面，两人却有很大的不同。两个人的心中虽然同样充满了对他人的关爱，但郑湑对于感情的表达过于内敛和淡然，而郑渊却是一个感情外露、藏不住内心想法的人。所以，郑渊的感情显得格外炽热，一个西瓜也足以让他哭泣。而这其中的缘由，还要从他的母亲说起。

郑渊的母亲生病多年，而他对母亲的爱护就如先祖郑绮一样，昼夜不离地照顾母亲，亲自喂送汤药，每当母亲需要下床，他也必定亲自抱送，数年如一日。据说，因为母亲的病情总是不见好转，郑渊便因此时刻不离病床边，日日担心忧愁。最后，由于担忧的日积月累，郑渊的背上竟然开始溃烂。但是母亲的病情占据了郑渊的整个思想，对于背部溃烂一事，他竟毫不在乎，继续跪在病床前，一心一意地把汤药喂给母亲。

有一天，病中的母亲想要吃西瓜，对母亲有求必应的郑渊自然是赶紧把西瓜拿到母亲的面前，况且这可比当年先祖郑绮在大旱之中寻求泉水容易多了。郑渊欣喜万分，不仅是因为自己能够满足母亲的愿望，也因为母亲终于有想要吃的东西了，也许这代表着母亲病情的好转，也许母亲吃完可口的西瓜之后，会感到舒适……郑渊的心中有着些许期待和满足。

但谁曾想到，母亲刚刚吃完西瓜，就撒手人寰，永远地离开了自己。也因为这件事，郑渊从此之后，一见到西瓜就悲伤地痛哭，而且立誓永不再吃西瓜。

对母亲的爱化作了对西瓜永远的伤，郑渊的情感就是这样长久而浓烈。而在父亲去世后，他同样痛苦万分，为父守孝三年，其间只有粗茶淡饭、青灯陪伴，只为在这样清幽的环境中纪念自己的父亲，弥补自己未尽的孝心。

郑渊不仅对父母怀有深深的爱，对亲人、族人也倾洒了自己深深的关爱之情。亲友对郑渊的评价是：他尊长爱幼，是一个不会对别人说“不”的人，不管遇到多困难的事，一旦别人有需求，郑渊一定会义不容辞、奋不顾身地上前帮忙。

他的堂弟去世后，留下了三个孤苦伶仃的女儿。郑渊心疼她们无人照顾，便承担起养育她们的责任。他平时给这三个侄女的吃穿用度与自己的亲生子女比起来不差丝毫，甚至更好。等到这三个侄女到了出嫁的年龄时，他更是亲自为他们筛选出人品、学识优秀的男子，为的就是这三个侄女以后能有一个好的归宿和幸福的生活。不仅如此，在侄女们出嫁时，郑渊给他们准备的嫁妆，其丰富、贵重程度也超越了自己亲生女儿的嫁妆。郑渊就是这样一个从不吝惜自己的爱的人，当家族中有人生病时，不管这个人的地位高下，他都会对其格外关注，每夜数次起来探望，直到这个人痊愈为止。

元朝末年，各地起义此起彼伏，全国一片混乱，百姓们因此四处流亡避难。而在江浙一带，张士诚率领的起义军发动兵乱，割据一方。当时的郑渊正避难于浙江金华，当他听说在浙江东阳避难的族人因多次兵乱而无以为生时，便不顾自身安危，穿越重重战火，来到东阳解救族人于水火之中。由于郑渊的及时赶到，东阳全部的宗亲得以存活。

郑渊的一生，无时无刻不在奉献自己的爱，其他诸如捐助家乡修桥补路、扶危济贫之事更是不胜枚举。“春蚕到死丝方尽，蜡炬成灰泪始干。”郑渊去世后，被人称为“贞孝处士”。

在郑渊的身上，我们深刻地认识到什么叫做“故人不独亲其亲，不独子其子”。他的博爱精神，就犹如温暖的阳光，遍地挥洒。

第四节　一把白胡须背后的故事

那个兼具“铁石心肠”与侠骨柔肠的郑铉，平日里不苟言笑，爱憎分明，这样的个性让人想要忘记他都难。但是，他除了鲜明的个性外，还有一个让人印象深刻的特点，那就是还处于壮年的他却有一把白花花的胡须。

这样一把胡须，其实是很有美感的，因为它白得彻底，不含一丝杂色，沧桑中又带了丝丝睿智与温和。这样纯洁的白色，人类是无论如何也制造不出来的，那分明是大自然在人类身上最精彩的杰作。不过，这把白胡须与郑铉的年龄和外表对比起来却是格格不入的，因为郑铉还不是一个老者。那么，他的这把白胡须是怎么来的呢？

实际上，仁义里的乡邻们每当看到有着一把白胡须的郑铉时，心里都会生出无限的赞叹和敬佩，因为他们十分清楚，这里面有一个感人肺腑的故事。所以，他们从来都不觉得郑铉的白胡须很奇怪，反而认为那是一种荣誉的象征。一天，一位从外地来浦江探亲的人在街上急匆匆赶路时，偶然瞥见了郑铉，看到他那一张“生人勿近”的脸上却有一把白白的胡须，觉得甚是滑稽，便记在了心里，打算到了亲戚家时，一问究竟。

其实，不管是哪个陌生人见了郑铉，认为他的白胡须很奇怪都是件正常事儿，因为人都是有好奇心的嘛！而且，那人也就是单纯地觉得奇怪，并没有半点不尊敬的意思。到了目的地之后，亲人相见，分外激动，心中的那个疑问早已抛于脑后。酒足饭饱之后，很久未见的亲人便开始热络地聊起来，从家人的生计、身体健康情况，聊到子女教育及婚嫁情况……这一次细致深入的长聊，弥补了亲人多年不见的空白。聊到最后，那人终于想起来路上的见闻，虽然已经是半夜，但在好奇心的驱使下，他还是问出了口，要不然他恐怕自己睡不好。“我今天在来的路上，看见一个很奇怪的人，明明不是很老，却有一把白花花的胡须，看起来好滑稽，快跟我讲讲是怎么一回事。”

本来是相见甚欢，可他这一问，这位浦江亲人以为他是在嘲笑郑铉，便立马沉了脸，哪里还管对方的什么面子，对他是一顿劈头盖脸的呵斥：“我一直认为你为人正直忠厚，没想到你竟这般不尊重人！”这人被亲戚的厉声呵斥弄得是云里雾里的，觉得自己简直是太冤枉了，自己怎么不尊重人了，不就是想了解那人的胡须是怎么一回事吗？难道其中有何隐情？为了对得起自己所受的批评，他还就打算打破砂锅问到底了。于是，他正襟危坐，表情严肃地说：“我不认识那人，想必那胡须是有故事的，只是想让你给我讲讲，或许我也可以从中获得些许启发。”

看来是自己错怪了对方，这位浦江亲人便冷静下来，说：“既然你想知道，我就给你好好讲一讲其中的故事，你可得认真听着！”探亲之人赶紧集中精神，望着自己这位浦江亲人，才发现对方哪还有刚才批评他时的严肃表情，脸上带着的，全然是无限的崇敬之情。寂静的深夜，把浦江亲人的声音衬托得更加清晰，一个感人至深的故事从他的口中娓娓道来：

“郑铉是浦江郑氏家族的七世祖，他外表虽冷酷，实则是个热心肠的智勇尚义之人。他关爱邻里，救济灾民，还在大军压境之时挺身而出，保护了百姓们的生命和财产安全。还记得有位擅长歌舞的美丽女子，使尽浑身解数来诱惑郑铉，郑铉不仅不为所动，还大声呵斥那个女子远离自己，他也因此落下个‘铁石心肠’的名声。难道他真的不懂得怜香惜玉吗？当然不是，只是对待任何事都一丝不苟的郑铉，对待感情同样如此，已经娶妻的他自然是将自己温柔和善的一面全部给了妻子，这才表现得如此冷漠。可想而知，他对妻子的感情非常深厚。可是，在妻子去世那一天，他不但没有哭泣，反而是面带微笑，你一定也好奇这是为什么吧。

“这件事就与他的白胡子有关。郑铉妻子去世的时候，正好赶上他的父亲郑文泰病重，病者是受不了一点儿刺激的。与自己相濡以沫多年的妻子离去，你可以想象，像郑铉这样重感情的人，会有多么的伤心！但是，郑铉也是一个极其孝顺的人，为了父亲的健康，他强迫自己硬生生地忍下眼中的泪水，并强颜欢笑，装作若无其事的样子尽心竭力地侍奉父亲。最后，郑铉的良苦用心，却还是换来了父亲病逝的结果。隐忍已久的丧妻之痛，再加上丧父之痛，这接二连三的不幸全都让郑铉摊上了。这样的打击在哪个铁打的汉子身上，也是无法承受的。郑铉心中的悲痛终于爆发了出来，仰天大哭，数次昏厥，三日滴水未进。当人们再见到他时，他的胡须就像现在这样白了。

“不过，这个故事还没完。郑铉的妻子去世后，亲友都觉得他孤身一人带着孩子，也没有个照顾起居、对他嘘寒问暖的人，实在可怜，便劝他另娶。可是，他怕后母会虐待孩子，便断然放弃了续弦的想法，宁可选择委屈自己，也不忍自己的孩子将来看后母的脸色生活。这就是郑铉白胡须的故事。”

故事讲完，两人散去。夜已深，可是赶路疲惫的探亲之人却毫无睡意，躺在床上久久不能平静。他没想到，这世间竟有如此大爱大孝之人。郑铉着实令人佩服，不怪自己的亲人刚才那样责备自己。这次的探亲之行真的收获太多，而这次深夜长谈自己也将永生难忘。感慨之中，他有了一个决定，那就是回家之后一定要将郑铉的故事讲给家人和街坊四邻听，让大家和他一样，获得一次心灵的洗涤。

阳光下，郑铉的白胡须格外耀眼，而这把白胡须背后的故事，也格外令人感动。

第五节　义门有真情

郑氏家族，义字当头，那些嫁入郑义门的女子们，便注定了这一生与“义”结缘。

在以宗族为本位的中国古代社会中，一个家族的发展史，基本上就是一部男性的发展史，郑氏家族亦然。其实，这些男子背后的女性也同样伟大，因为家中若不是琴瑟和鸣，夫妻同心，家族何以稳定地发展？只是，女性的角色往往被定义为“相夫教子的贤内助”，也因此过于默默无闻。很多时候，这些女性也是甘于平庸，但这并不代表她们真的平庸。郑氏家族的女性们便是如此，她们甘于平淡无奇，可是一旦遇到事情的那一刻，那便是义薄云天，毫不输男儿气。

郑淯，大义凛然，代兄受死，夫唱妇随，他的妻子张氏也是个重情重义之人。关于张氏的义举，流传着一个神奇的故事。

有一次，适逢战乱，郑氏家族的男女老少全都外出躲避战乱。郑淯的弟媳周氏那时正巧身患疾病，在逃难路上需要人照顾，而郑湑的妻子张氏便毅然承担起了这个责任。可是，女子的体力终归不如男性，再加上张氏还要带着重病的周氏，两人的步伐自然是跟不上大队伍的节奏。而且，一路上逃难的人不止有郑氏家族，在这慌乱的情景中，张氏与周氏一个不留神，便不见了郑氏家族大队伍的踪影。不过，毕竟是在大家族中生活过的人，此时落单的两人并没有乱了阵脚，因为天色已晚，她们便朝着有人烟的地方走去。最终，她们得以在浙江诸暨的一个小山村中落脚。

经过长途跋涉，两个人都筋疲力尽，于是在找到住宿的地方后，便很快入睡了。夜深人静，谁都不曾发现，在附近一处较为隐秘的地方，有一堆火星正在预示着危险的到来。阵阵微风，火星蹦跳得欢畅，变成一簇簇小火苗，蓄势待发，缓缓向她们借宿的房屋靠近。这时，一阵强风刮来，也无疑给这个夜晚带来了很多不平静。火苗开始肆虐，立刻侵袭了四周的房间。睡梦中的张氏和周氏一时间被滚滚浓烟熏醒，一种不好的感觉瞬间袭来。猛然坐起，才发现自己已经处于大火的包围之中。

可怜的周氏本来就身体虚弱，如今又被这大火一吓，早已浑身无力，瘫倒在地。顷刻间，大火就会烧过来，张氏赶紧来到周氏身边，企图背起她，一起逃跑。可是，由于体重相差悬殊，满头大汗的张氏怎么也背不动周氏。两人只能一起大声求救，期待他人的帮忙。不幸的是，她们的呼救声早就被四周的混乱嘈杂所掩盖，而且在这兵荒马乱的年头，四处都有逃难的陌生人，大家早就忘了那所房屋中还住着两位女性。

看着熊熊大火的逼近，周氏绝望了。她想着自己已然无法行动，只能等着被烧死，这也许是命该如此，但不能连累嫂子和自己一起送死啊！

那样自己岂不是对不起家族孝义的名声！于是，她大声哭喊，让嫂子不要管她，赶紧逃跑。听了这话，心急如焚的张氏立刻严肃起来，怒声喊道：“我们是一家人，是郑氏家族的人，弃人于不顾不是我们家族的传统，我们必须同生死、共患难！我是绝对不会丢下你一个人的！”

“我们是郑氏家族的人。”这句话久久回荡在两人的耳边，她们不再各自相劝，只是无言地相拥在一起，两人流下视死如归、感动并绝望的泪水。

有句话叫做“夫妻本是同林鸟，大难临头各自飞”，有些夫妻甚至都不能共患难，可这妯娌间竟能有如此真情，谁能不为之动容？传说，张氏与周氏的不离不弃感动了上天，她们的泪水化作了倾盆大雨，瞬间浇灭了大火，两个人最终得以幸存。

张氏与周氏的举动让乡亲们意识到，郑义门的男子个个顶天立地，连女子也是不可小觑。而实际上，郑义门中还有一个女子让当时的满朝文武官员都为之赞叹。不过，这个女子的事迹弥漫着浓浓的悲剧色彩。

这个女子就是郑氏家族八世孙郑洪的妻子——石氏。据记载，郑洪从师于宋濂，官至内藏库提点。郑洪不曾想到，自己刚刚上任不久，和他同样负责内藏库事务的官员就因犯法而入狱。而更令他始料未及的是，那个入狱的官员竟然出口诬陷自己。人生无常，杀头的死罪就这样降临到郑洪的身上，令他无辜冤死狱中。

他的妻子石氏听闻这一消息后，悲伤大哭，痛不欲生。而当时的官吏却给石氏下了这样一个判定：另配他人。石氏不仅本身生得烈性子，而且作为郑义门的媳妇，石氏一直严谨地奉行孝义的家风，这样的她，一直把从一而终作为自己的准则。因此，让她另嫁他人，无疑是对她最大的侮辱。

有人说，当你想要哭泣时，只要仰望天空，就可以抑住泪水。郑洪对于石氏来说，那就是她的一片天，可是当她抬头望去，泪水还是喷涌而出，内心的悲恸化作无悔的誓言：“生为义门妇，死则为其魂，吾夫已死，岂使污其身以玷旌门乎？”在坚持孝义的想法下，石氏决定宁死不屈。

不服从判决的石氏被关入了牢房，而且可以用来自杀的剪刀等东西已经被拿走，于是，她选择以绝食的方式结束自己的生命。为了防止她因绝食而死，每日都有妇人来强行喂给石氏热粥。这样过去八天之后，石氏仍未改变自己求死的决心，可是绝食的方法已经无法让自己死去，她迷茫地环顾四周，眼睛牢牢锁定床上的白绫。

于是，一条白绫在房中飘起，石氏以上吊的方式结束了自己的生命。此事传入朝廷后，满朝的大臣公卿都称赞石氏为烈妇，而当朝皇上更是欣赏地赞叹道：“这可真是义门之妇啊！”

一个女子美好的生命就这样逝去，仅仅换来一个“烈妇”的称号，实在是过于可悲。诚然，也只有在石氏生活的那个年代，她这样的行为才能够得到社会公众的认可和赞扬。无法否认，她用自己的生命践行了郑义门的孝义，但是，这样的孝义太过惨烈。孝义本没有错，可是应该选择正确的方式。

实际上，女子一旦嫁入郑氏家族，她们就必须学习郑氏家训，遵守孝义之道。《郑氏规范》第七十六条规定：“娶妇三日，妇则见于祠堂，男则拜于中堂，行受家规之礼……”第一百四十八条规定：“诸妇初来，何可便责以吾家之礼，限半年皆要通晓家规大意。或有不教者，罚其夫……”

无论是张氏，还是石氏，她们都表现出了英勇、孝义的精神，确实丝毫不比男子差。而且每个时代有每个时代的重义方式，也许她们的方式不值得我们学习，但是她们的精神、她们对家人的爱却值得我们怀念和借鉴。

第七章

廉洁奉公，义胆忠肝

不是一家人，不进一家门。郑氏家族的子孙，在孝义的家风和《郑氏规范》的影响下，身上都散发着共同的气质和精神，那就是为人忠厚、大气，为官清廉、正直。

第一节　无悔的坚守

在郑氏家族子孙的心中，有一条不可逾越的准绳，那就是郑氏家族的家风和家训。无论是面对诱惑、危险、背叛还是抉择，他们始终依循着孝义前行，如飞蛾扑火般无怨无悔，只为坚守心中的信仰。

面对诱惑，郑铢坚守为官的清廉。

郑铢，郑氏家族七世孙，字彦平。他虽然自幼父母双亡，却得到了周围众人的关爱，因此，他立志刻苦学习，以后用自己的力量来为朝廷、社会和百姓做些有意义的事情。后来，他被举荐到元朝首都，受到丞相脱脱的器重，被任命为宣政院照磨管勾，负责管理审计档案一事。虽说这仅仅是一个八九品的小官，但由于是与审计有关的工作，这就必然涉及相关人员的等级、津贴等切身利益问题，因此前几任官员都有贪污受贿之事发生。郑铢对这些事也是略有耳闻，但是，应该如何应对，他的心中早已经做好了决定。

刚刚打点好上一个官员，新的官员又来上任了，其实这些送礼的人心中是十分不情愿的。但又能怎么办呢？为了以后的利益着想，还是乖乖地准备好礼品，摆出一副虔诚恭敬的样子来到郑铢的住处。结果，全都受到了郑铢的严词拒绝，甚至是闭门不见。送礼的人并没有感到奇怪，因为他们的心中有着精明的算计：新官上任，可能不了解以往官员收礼的多少，因此第一次要少送些礼，若是郑铢收下了，就说明他还算满意，自己也省了一笔；若是郑铢没收下，就说明郑铢嫌少，那就还得增加礼品的数量，至于最高限度，有前几任官员的标准在那儿摆着呢！

于是，这些人就开始逐渐增加礼品的数量，最后已经超出以往送礼的标准，可还是屡次遭到郑铢的拒绝。实际上，郑铢是个言行一致的人，他真实的想法，当然是坚守家规，拒绝受贿。可是，这群送礼的人可不这样想，他们对眼相望，心中各自了然：这个官员比前几任还要狠，这是想要狮子大开口还是想要别的？他到底有什么强硬的背景，做事竟这样不留余地，这么不识抬举！

这群人商量之后，决定先调查好郑铢的背景，再对症下药。经过多方打听，他们终于恍然大悟，原来是自己以小人之心度君子之腹了。因为最后有人告诉了他们事情的真相：郑铢是来自浦江郑义门的人，他家家风孝义，家教甚严，从郑氏家族出来做官的人，无不奉公守法、清正廉洁。而且郑氏家训中也有规定，“子孙出仕，有以赃墨闻者，生则于谱图上削去其名，死则不许入祠堂”。

了解了郑铢的为人之后，这些人再也不担心自己会因为没有送礼而遭到剥削的事了，因为有郑铢在，他们自会受到公平的待遇。当他们再见到郑铢时，也没有了虚伪的笑容，而是无限的尊敬。

面对危险，郑淂坚守为官的职责。

郑淂，郑氏家族八世孙，字仲载。据记载，郑淂曾担任浙江金华府税令，负责税收一事，手中握有相关印鉴。郑淂秉承家族为官传统，勤政爱民，政绩清明，受到金华百姓的一致好评。努力付出得到百姓的认可，自己也没有像堂兄弟们一样在为官期间受到诬陷，郑淂也许曾经想过，自己的官场生涯就可以这样安安稳稳地度过了，直到发生了那样一件事。

郑淂在金华府任职期间，金华洞溪一地发生了兵变，叛军很快便包围了郑淂所在的官府。由于事发突然，郑淂毫无防范，身边只有几个手下跟着他。势单力薄的他们虽然努力地做了一番反抗，但结果可想而知，郑淂等人全都被叛军控制起来。郑淂其实是有些想不明白的，自己一个小小的税令，他们把自己抓住到底有什么用？但是，郑淂却忘了一件事，他的官虽小，可他手中的印鉴可是非常有用处，毕竟涉及赋税的问题，也许一个章的背后就是一堆白花花的银子。

郑淂的思路刚刚向印鉴这个方向转换时，一个叛兵已经将血渍未干的大刀架在了他的脖子上。一道带着狠戾并贪婪的目光射向了郑淂，这个叛兵要求他交出印鉴。郑淂想：印鉴是国家的信物，关系到国家的利益，怎可交给一个叛兵？若是让这样一群人得到，岂不是国家受损，百姓遭殃？而此时的郑淂就像一个真正的剑客一样，剑在人在，剑亡人亡，郑淂是印在人在，印亡人亡，誓死不交出印鉴。叛兵阴森森地笑着说："真是不见棺材不掉泪啊，看来不给你一点苦头吃是不行了！"一边说，一边挥舞手中的白刃，毫不留情地砍向郑淂的左手臂。

锥心的疼痛瞬间布满了全身，郑漝没有哭喊一声，更没有跪地求饶。他不畏惧死亡，只畏惧自己会连累国家和百姓。这样的硬汉让叛兵也有瞬间的失神，郑漝担心自己被杀后，印鉴被叛军搜刮而去，便趁着这个机会，将印鉴丢到院中的井内。因为既然自己无法保护印鉴，与其让它落入敌人之手，那就不如毁了印鉴。的确，在那样情况下，郑漝的做法是明智的。

因为郑漝的智勇，叛军最终也没能拿到印鉴，而他的坚于职守也再一次让人们见识到郑氏家族忠义的家风。

面对背叛，郑渊坚守做人的道义。

郑渊有一颗博爱的心是众所周知的，他的博爱到了一个怎样的程度？那就是面对朋友的不忠，他仍能选择宽容。

元末明初的河北和阳，有一个叫王宗显的人。两朝更替，战火不断，王宗显为躲避战乱而逃难至浦江。因为一路辗转避难，王宗显的盘缠早已用光，到了浦江之时，已经是饥饿难耐，以后的生计更是没有着落。难道他就会这样饿死吗？当然不会，他很明智地选择浦江作为自己的避难地点，是因为这里有他的朋友，而他的这个朋友以仁义、助人为乐著称。

他的这个朋友便是郑渊。远方的朋友前来投靠自己，郑渊感到很荣幸，因为他觉得这是对自己的信任，所以郑渊决定要尽自己所能去帮助朋友。郑渊不仅给王宗显提供了粮食，保证其温饱，还嘱托自己的姻亲将王宗显聘为家庭塾师，让他可以自力更生，不至于觉得自己受了嗟来之食而折损了面子。这样的郑渊，对待朋友真的是用心良苦、关怀备至。那么，他的付出会换来同等对待的回报吗？

在郑渊的帮助下，王宗显不仅摆脱了窘困的生活，而且他的人生还飞黄腾达起来，担任了郡守一职。郑渊从来没想过让王宗显报答自己，因为对他的帮助是出于自愿和对仁义道德的坚守，但他也没想过王宗显会如此对待自己的家族。

王宗显任郡守后，负责管理百姓的粮食征收事务。在他向其他家征收粮食时，都是按照规定收取相应的数量，唯独到了郑氏家族时，他要求征收规定数量的十倍。不过，在郑渊还没有抱怨什么的时候，就已经有人站出来为他打抱不平了。那个人劝郑渊去找王宗显理论，但郑渊最终也没有去找王宗显，而是按照他的要求，上交了十倍的粮食。自始至终，郑渊没有说王宗显一句不是，也没有对他表现出愠怒的脸色，此时的郑渊，倒是有了弟弟郑洧那种淡然与平静。

面对郑渊的宽容与大气，王宗显终于感到了惭愧，内心对郑渊的敬佩愈加浓烈，自嘲就是个市井之人，心胸狭窄，精于算计。这样的王宗显，看来还没有达到无可救药的地步，毕竟他有自知之明。

王宗显辜负了郑渊的情义，但是，郑渊想要关怀他人的心却没有退却。在王宗显之后，有一位参加科举考试的学子因为生病归家，途经郑氏家族时，偶然被郑渊撞见，于是，郑渊将他留在了自己的家中。每日亲自为他熬药、喂食，深夜起来探望学子的病情……郑渊对他精心照顾了一个月之后，学子的病终于痊愈了。

学子对郑渊的感激，化作了他努力学习的动力，因为他决定以后要像郑渊一样，帮助贫弱。

面对抉择，郑尚藩坚守对国家的忠诚。

郑尚藩，明末清初人，字良价。郑尚藩为人坦率平易，颇具文采，对王羲之《兰亭集序》的书法临摹近于逼真。他经常以宋元明时期郑义门先祖的事迹来激励自己，立誓要做一个和先祖们一样的孝义之人。

明朝末年，郑尚藩被授予官职，他在欣喜激动之余又充满了斗志，因为他打算在官位上好好施展自己的才华，为国家效力，为百姓服务。没想到在自己还没有赴任的时候，明朝便灭亡了。从此，郑尚藩再也无意进入仕途，自号“天山”，三十余年不入城市，以表明自己对国家的忠心。

向日葵总是向着太阳的方向生长，因为阳光是它的追求。而郑氏家族的子孙们，总是在坚守自己心中的信仰，因为孝义是他们的追求。也许有时过于执拗，但为了孝义，他们无怨无悔。

第二节　一把纸伞，万千深情

有一种伞，叫作“万民伞”，上面系满了密密的绸带，只要微风拂过，便会随之摆动，将它们所承载的心意传递给撑伞之人。郑干的手中便有这样一把伞，每次看到它，回忆与满足便会喷涌而出。

郑氏家族九世孙郑干，字叔恭，他的文采飘逸，诗词唯美，被称为“诗伯第一”。都说文如其人，他给人的感觉也如微风般清明。郑干刚刚成年不久，便开始协助长辈管理家族事务，勤劳而不徇私。明朝永乐年间，他被任命为湖广道监察御史，出任广东，负责监察百官、巡视郡县等事务，主要起监督纠察的作用。

所谓地方官就是百姓的“父母官”，郑干把自己任职的地方，当成了自己的家族一样认真对待，将自己管理家务的那股子勤劳、刚正的精神发挥得淋漓尽致，也正是在这儿，他获得了那把万民伞。

初到广东的郑干，牢牢记住了《郑氏规范》第八十七条：“子孙倘有出仕者，当蚤夜切切，以报国为务，抚恤下民，实如慈母之保赤子……又不可一毫妄取于民……”因此，为了真正了解当地百姓的生活情况，掌握一手资料并制定治理良策，郑干便趁着自己还没有被大家所熟知时，开始深入基层，明察暗访起来。据说，还没等他对当地民风民情了解个透彻，就有百姓来求见了。百姓的事情就是最重要的事情，郑干赶紧放下手头的工作，升堂问案。

刚刚入座，几个乡民便抬着一条五尺有余的蟒蛇走了进来。此时的郑干在心中暗自忖度起来：阅读过那么多案卷，还没听说哪个案件中有抬着蟒蛇上堂的，看来自己必须慎重对待这件事。在郑干思索之际，几个乡民已经跪地，领头的人开口：“叩见大人，老百姓们欢迎大人的到来，草民们代表大家前来献礼！请大人笑纳！”郑干没想到，自己第一次升堂不是因为有冤情，而是因为有人要来送礼。而令他大吃一惊的是，蟒蛇就是他们要送的礼物。送礼还有送蟒蛇的，这还真是头一回听说。

用蟒蛇来送人，郑干权当这是当地百姓的习俗，并没有多想，毕竟自己初来乍到，很多事还不清楚。但是，不管百姓们送什么，自己的原则是不能变的，那就是不取百姓丝毫。于是，他命来人带着蟒蛇离开。

当年有人给郑铢送礼，便被郑铢一口回绝，送礼之人以为他不满意，想要送更贵重的礼物。如今，这一情形也在郑干的身上发生了。百姓们以为郑干觉得蛇太小，便再次以身涉险，日夜在山林中蹲守，终于在三日后捕捉到一条六尺有余的蟒蛇。众人抬着蟒蛇再次叩见，这次郑干为了明确表示自己不收礼的原则，命他们退回的同时，又强调：“本官是定然不会从百姓身上收取丝毫财物的，你们不要再枉费心思，若是再来，休怪本官治你们扰乱公堂之罪！”

难道还是嫌弃蟒蛇太小了吗？众人如此猜测，便开展了第三次围捕蟒蛇的任务。几日后，百姓们带着一身山林气息，抬着一条七尺有余的蟒蛇，跪在堂下哀求道：“请大人开恩，为捕捉这条巨蟒，草民们已经竭尽所能，再也捉不到更大的了，就请您收下吧！”

百姓三番五次前来献蛇，难道是其中有何隐情？看来自己之前是把这件事想简单了，郑干决定问个明白，便问：“你们为何一定要来献蛇？快向本官细细道来！”一人回答：“本地有一个习俗，凡是有新官到此上任，必须敬献蟒蛇一条，以表百姓对大人们的尊敬。蟒蛇之肉不仅鲜美可口，还有清热消毒、滋润养颜、延年益寿的作用。前两次来献，草民们以为大人觉得蛇太小，便组织了本地最好的捕蛇人重新捕捉，托大人的福，捕得这条罕见的深山巨蟒。请大人这次一定要收下，否则百姓们难以安心。”言毕，堂下的百姓们全都叩头不起，等待郑干的答复。

百姓们如此恳求，郑干若是再拒绝，便是伤了百姓们的心，但是自己决不能白拿百姓的东西。于是，他命衙役收下了蟒蛇，又从自己的腰包里掏出银子付给百姓。献蛇者怎敢拿郑干的银子？便再三拒绝。郑干严肃又不失温和地说：“你们放心，本官说过不妄取百姓丝毫财物，那是真心话，绝对不会为难大家的。捕蛇不仅辛苦，而且危险，这些银子是捕蛇者该拿的。若是你们不接受，便是让本官为难了！”郑干的表情与语气如此诚恳和真实，捕蛇者接过银子，又惊又喜地离开了。惊的是郑干如此为百姓着想，喜的是他们拥有这样一位好官。

蟒蛇不仅是可口，还有如此好的功效，这件事让郑干的心中有了思索：莫非是之前的官员贪图蛇肉的功效，便敲诈百姓为其捕蛇，立下了献蛇的规矩？上了心的郑干将献蛇一事做了一番深入调查。原来，广东地区一直有吃蛇肉的习惯，但是却没有给新任官员献蟒蛇的传统，那是在前些年的一位官员的要求下才开始的。果然不出郑干所料，献蛇之事是贪官鱼肉百姓所为，那么郑干一定要废除这个不成文的规定。

第二天，官府的公告便贴了出来，宣布献蟒蛇的习俗予以取缔，若有官员贪污受贿，必定严惩不贷。此公告一出，百姓们沸腾了，因为他们曾亲眼看到有人为了捕蛇而惨死，而如今他们再也不用承受这样的悲痛了。

以献蟒蛇之事为开端，郑干处处为百姓着想，不仅惩办了多个贪官，还实行了一系列惠民措施，在百姓心中树立了一个刚直不阿、清正廉洁的形象。在他任满归朝之际，百姓为歌颂他的政绩，纷纷在绸条上写上自己的姓名，并系于伞上，这就是郑干手中的万民伞。

一把万民伞，寄托了当地百姓对郑干的赞美之情，也寓意着郑干像这把伞一样，庇佑着一方百姓。

第三节 碧血丹心，一路追随

远去的历史，尘封的往事，无数的千古谜题隐藏于其中，因此，历史才愈发显得那样厚重与精彩。但是要说其中什么最神秘，那当然是被那厚厚高高的城墙圈起来的皇宫了。无论是宫闱之争，还是朝权中的勾心斗角，其中有太多的悬案与迷离让我们为之深深地好奇，而这与郑氏家族又有什么关系呢？

农民出身的朱元璋，通过农民起义一举成为明朝的皇帝，这样的人生转折来得实在是太珍贵了。尝尽了苦日子的他，是绝不容许自己的权力受到他人的一丝挑战和威胁的。为了自己的王朝能够实现长久稳固的统治，他在排除异己的同时，也试图加强皇室本身的力量，其办法就是把儿孙分封到各地为王，而这也为他十分疼爱的孙儿朱允炆，埋下了一个危险的伏笔。

朱元璋的四子朱棣被分封到北京，成为燕王，屡屡建功，是个文武全才。虽然朱元璋十分欣赏这个儿子，但是为了避免子孙因皇位之争而亡国，他坚持嫡长子继承制的原则，最终立朱允炆的父亲朱标为太子。朱元璋不曾想到朱标在盛年便离开了人世，就连朱标的长子也早夭，这让身为父亲的他悲痛不已。不过，即便这样，朱元璋仍未选择朱棣继任，而是将朱标的二子朱允炆立为太孙。这不仅是因为他将朱允炆视为嫡长孙，也因为朱允炆的孝顺温和让他倍感欣慰。

因此，朱元璋去世后，朱允炆登基为帝，史称惠帝，年号“建文”。此时，各地藩王势力日盛，而年轻的朱允炆又失去了朱元璋的庇佑，这让他有了深深的危机感。于是，他开始了一步步的削藩措施。

把权力给出去很容易，可要再想把权力收回，便是一件很难的事，一个不小心就会激化矛盾，引起诸王的反抗，而刚刚登基的朱允炆显然还未具有强大的魄力和很深的城府，朝廷与诸王的战争一触即发。在共同的敌人面前，诸王联合在了一起，而实力最强的燕王朱棣顺理成章地成了众王之首。经过三年的战争，朱棣最终直捣明朝都城南京。而此时的朱允炆在哪儿呢?

燕王的军队进入南京后，皇宫中发生了一场大火。当火被扑灭后，只留下了辨认不清的残骸。朱棣为了顺理成章地登基，自然是一口咬定朱允炆被烧死了，而且将其中的一具尸体指认为朱允炆。虽然没有确切的依据，但谁又能出来反驳呢?

历史有时之所以神秘，是因为很多时候它是上位者的历史，上位者掌握了话语权，那么他们认为的事实便成了今天我们看到的历史记载。而且有些东西一旦淹没于历史长河，我们便再也无法触摸到它们，若是那时就有今天的科学技术，那么一定可以验证那具尸体是否是朱允炆，可惜，我们再也没有这样的机会。也因为谁都无法肯定朱允炆是否被烧死，他的下落便成了像“顺治出家”“雍正继位”一样的著名历史悬案。

有人说朱允炆因大火而死；有人说朱允炆乔装成了和尚，从地道逃出宫中，而对于其逃出后的去向也是众说纷纭，北京、云贵地区、江西、南洋等都成为疑似地点；还有人说当年郑和下西洋的目的之一就是寻找朱允炆……

在关于朱允炆下落的探索之中，浦江的郑氏家族也进入了人们的视线，因为在郑氏家族走过的历史之路中，留下了一些蛛丝马迹，无不在告诉我们，郑氏家族与朱允炆的渊源以及朱允炆对郑氏家族的信任。

据记载，朱元璋欣赏郑氏家族的孝义家风，曾从郑氏家族中挑选忠义之人进入东宫，辅佐太子，而郑氏家族的八世孙郑洽就是其中之一。在朱元璋驾崩后，郑洽便将自己的忠心耿耿转向了朱允炆。朱允炆还曾亲自书写“孝义家”的牌匾赐给郑洽。

传说，燕王大军逼近皇宫之际，文弱的朱允炆料到自己大势已去，自古成者为王，败者为寇，与其等着被杀，朱允炆便想到了自杀。这时，在仍然跟随他的一群人中有人建议他不如出逃，毕竟留得青山在不愁没柴烧。而他身边掌管其衣食住行的官员如梦初醒般告诉大家，朱元璋驾崩时，曾为朱允炆留下一个小箱子，嘱托如遇大难，就把它拿出来。而此时不拿更待何时？于是，一个红色的小箱子展现在大家的眼前，朱元璋难道能未卜先知？其中到底有何锦囊妙计？

打开箱子，里面有袈裟、鞋帽、剃刀、度牒以及黄金十锭。也许，好疑的朱元璋很早便料想到柔弱的孙子可能有这么一天，并为孙子留下了一条后路。按照爷爷的计策，朱允炆打扮成和尚，在身边臣子的帮助下，从皇宫的东北门出逃，避难至神乐观。护送朱允炆出逃的臣子，共有二十二人，而郑洽就是其中之一。

神乐观毕竟距离皇宫较近，只可暂时避难，却不是长久之地。众人商议之后，浦江郑氏家族成为众人认可的最佳选择，不仅因为其孝义的家风，也因为朱元璋和朱允炆曾对郑氏家族的褒奖，想必郑氏家族是绝对不会忘恩负义的。而郑洽也坚定地表示，郑氏一族忠厚，可以放心地到此避难，这无疑也给朱允炆吃了一颗安心丸。

据说，朱允炆在郑氏家族待了一年之久，而在这一年之中，朱允炆也在郑氏家族中发生了不少逸闻趣事。

首先就是“建文井”的故事。

郑氏家族私自藏匿出逃的朱允炆，若是被人发现，这可是株连九族的死罪。然而，朱允炆刚到郑氏家族不久，便被人发现，并告发到了官府。当初朱允炆之所以选择了郑氏家族作为自己的避难港，那就是因为郑氏家族的孝义，而事实也证明，郑氏家族并没有辜负他的信任。因为在生死关头，郑氏家族不但没有出卖朱允炆，而是赌上全家的性命来保护他。

官兵即将到来，郑洽在家中的大厅中摆放了十个大柜子，其中五个存放经史书籍以掩人耳目，而另外五个存放武器以备不时之需。官差到了郑洽家中后，便开始到处搜查。大厅中五个装满书籍的柜子已经全部被打开，眼看着就要轮到装着武器的柜子了，郑洽的心都提到了嗓子眼儿，想必这场搏斗是免不了了，郑洽已经在心里做好了死的准备。没想到，官差检查完五个柜子便放弃了，也许是障眼法起了作用，也许官兵就是鬼使神差地不想再检查下去，最后的结果就是郑氏家族逃过了私藏大量武器的死罪，而朱允炆也没有被发现。

人们认为，这是郑氏家族的忠义感动了上天，才让他们逃过此劫。但是，这时的朱允炆到底藏到哪里去了呢？

原来，此时的朱允炆正躲在郑氏家族的一口枯井中。有人说，枯井中的蜘蛛感应到了郑氏家族的忠义，因此在朱允炆躲到井中后，便开始在上面织了厚厚的网，这让搜查到此的官兵认为井中肯定没人，便转身离去。官差心里是这样判断的，若是朱允炆藏到其中，必然会破坏蜘蛛网，如今蜘蛛网上布满了灰尘，显然是长久没有被人接触过，那么自己也不用费力下去了。建文帝朱允炆就这样逃过了一劫，而他藏匿过的井被郑氏家族的后人称为“建文井”。

其次，就是朱允炆与一绝色女子的故事。

相传，一日清晨，朱允炆刚刚醒来，房间中就突然闯进一位身背包袱的少女。朱允炆当下心中一惊，难道这女子是被派来刺杀自己的？他定睛一看，眼前的女子有着绝色的美貌，脸上还带着善意，看来是自己想错了。见到朱允炆抬头，女子赶紧把自己的包袱递给了他。料定她不是来伤害自己的，朱允炆打开了包袱，心中顿时涌出一股股暖流，原来这位姑娘是来给自己送靴子的。

在自己逃亡之际，有这样一位美女关心自己，朱允炆的心别提有多动容了！两人四目相对，不发一言。良久，朱允炆牵起了女子的手，将一个龙凤玉佩交给了她。

元宵节来临，想着人们都在看热闹，应该没人会发现自己，隐居已久的朱允炆便穿着这双靴子到街上赏灯。谁料，迎灯队伍前的老人认出了朱允炆，马上对他行半跪礼。朱允炆感到不妙，立刻逃回了住所，慌乱之中，跑掉了一只靴子。而这只靴子后来回到了郑氏家族，成为郑氏家族老佛社神龛中的供奉之物。这又是怎么一回事呢？

被人发现后，朱允炆知道郑氏家族已经不能久居，便离开了郑氏家族，继续乔装成僧人逃亡。从一个帝王沦落成如今的逃亡僧人，要说朱允炆不感慨忧伤是不可能的。而因为对自己人生际遇的感叹，几年之中，他竟成为发须皆白的青年老头。当地人都不知道他的真实身份，便尊称他为“老佛”。这件事传到了郑氏族人的耳中，他们便在朱允炆曾居住的地方建立一个祠堂，取名“老佛社”，并将当年朱允炆遗留的靴子供奉在老佛社中。

离开郑氏家族，朱允炆并不是一个人走的，因为有一个人决定要跟随他一生，保护他一生，而那个人就是郑洽。为了确保朱允炆的安全，郑洽没有把逃亡路线告诉任何人，包括郑氏族人。从此，郑洽与郑氏家族脱离了一切关系。

永远地离开自己最亲密的家人，已经是一件很艰难的事，同时，郑洽又要跟随朱允炆一起逃亡，迎接着不可预知的未来，显然，郑洽的选择充满了痛苦与迷茫。但是他无怨无悔，因为他把忠心护主当成他毕生的使命。

碧血丹心，一路追随，这就是郑洽。

第八章

古风依旧，千里寻根

浦江郑氏家族历经宋、元、明三朝，长达三百三十多年，十五世同居共食的盛况，最终悄无声息地淹没于一场大火之中。当岁月洗去曾经的繁华与沧桑，留下的是在千年古风吹拂下静静流淌的白麟溪水，以及那宏伟、庄严的“江南第一家”。于是，在它们的召唤下，郑氏子孙开始了一次次寻根之旅。

第一节　往事如烟，家风犹存

人有悲欢离合，月有阴晴圆缺。再强大的力量也阻挡不了历史的脚步，再美好的景象也无法逃避岁月的淘洗。当郑氏家族的兴盛不再，孝义的家风该魂归何处？

当年，意气风发的郑淮带着年轻人初生牛犊不怕虎的勇气来到陌生的浦江县，从此，郑氏一族在这山清水秀的地方落叶生根。

当年，仁义朴实的郑照倾其家产赈济百姓，家族没落，家风渐成。

当年，郑绮孝父孝母，善待族人，自强自立，勤耕苦读，他用生命在诠释何为孝义。于是，郑氏家族开启了孝义的家风。

当年，一部《郑氏规范》在郑氏家族几代人的努力下诞生，成为中国家训史上一颗耀眼的明星。于是，郑氏族人将《郑氏规范》作为为人处世的信条，换来了宋、元、明三朝旌表。

当年，郑氏家族的东明书院，书声琅琅，鸿儒往来，培养了一个个家族精英，也结交了一位位名人雅士。

当年，郑氏家族的子孙们慈悲为怀，侠肝义胆，有他们在的地方，就有美好与正义。于是，乡里和谐，百姓称颂。

当年，父慈子孝，兄友弟恭，他们是福祸与共、生死相随、相亲相爱的郑氏家族。

当年，郑湜、郑干两袖清风；郑洽、郑淂忠肝义胆……

郑氏家族以耕读为本，孝义传家，在家族不断壮大的同时，创造了一个个感人至深的故事。明朝大臣宋濂、方孝孺等都是郑氏家族的座上宾，明朝开国皇帝朱元璋更是对郑氏家族格外器重。终于，在明朝洪武年间（1368—1398），郑氏家族达到了家族发展的顶峰。然而，物极必反，巅峰的到来必然意味着衰落的开始。

一场胡惟庸案，波及甚广，郑氏家族也被牵涉其中，虽然因为恩宠正盛而得到了朱元璋的赦免，但其在朱元璋心中的形象想必不再是从前般完美。而此事还是给郑氏家族带来了一个沉重的打击，那便是宋濂一家因牵涉胡惟庸案而没落，宋濂也在晚年颠沛流离，客死他乡。宋濂与郑氏家族的关系，一荣俱荣，一损俱损。因此，宋氏一家的凄凉结局成为笼罩在郑氏家族繁荣景象上一层挥不去的阴霾，也成为郑氏家族衰落的预兆。

一场靖难之变，曾经亲自为郑氏家族书写“孝义家”的建文帝下落不明，而永乐帝朱棣的登基，意味着一朝天子一朝臣。同时，郑氏家族的又一好友方孝孺，也因触犯朱棣而落得一个诛灭全族的下场。

宋濂与方孝孺的相继陨落，郑氏家族的人脉关系也开始断裂。虽然在永乐年间，郑氏家族仍有人在朝为官，但往日圣宠的光芒已经逐渐暗淡。

的确，郑氏家族的兴盛与朝廷政治的支持密不可分，但是，一个上百年的大家族，是不会因为政治上的小失意而轻易倒下去的。若不是那次意外，它的结局可能不同。但即使是意外，那也是历史的安排，谁也无法躲避，这就是郑氏家族的不幸所在。

1459年，一场大火降临到郑氏家族，郑氏祠堂等主要建筑全部被毁，百年的积蓄与沉淀也被无情地夺去。然而，大火所带走的不仅仅是家族财产这样的身外之物，因为它所摧毁的是郑氏族人同居共食的基础。

火灭人散，郑氏家族历经三百三十多年，十五世同居的盛况最终在这一场大火中宣告了谢幕。

庆幸的是，郑氏家族最宝贵的东西是永远不会被外力所夺去的，那就是它孝义的家风。被迫散居的郑氏族人继承了郑氏家族最宝贵的遗产，隐没于乡间，继续勤耕苦读，崇孝尚义。

顺治帝迁都北京，宣告了明朝的灭亡，也意味着清朝对全国统治的开始。也许，郑氏族人在清朝得到了喘息的机会，却不曾料到清朝灭亡后，随之而来的是军阀混战及日寇入侵……一切小家都淹没在这段历史的风云变幻之中，只为求得新中国的建立，何况是已经散去辉煌的郑氏家族。于是，这一个百年家族沉默了，仿佛这个世界不曾有它的痕迹。

曾经的辉煌早已随着历史而远去，今天的浦江郑宅镇，依旧流淌着从玄鹿山发源的白麟溪，静静地诉说着近千年的故事。在小桥流水人家的郑宅镇，徐徐的孝义之风，从古至今，未曾断绝。

镇里每年都要评选“孝义之家”“孝顺儿女”；一些先致富的人，每年都会拿出一笔钱捐助镇上的老人福利事业；邻里间相互扶持；重视青少年教育；热情招待外地客人……这就是如今郑宅镇的民风民俗。

江南第一家

2000年以来，浙江省政府对“江南第一家”的文物古迹实施了保护与开发政策，将其建设成了“青山”“古镇”“小桥”“流水”“人家”的旅游胜地和国家级历史名镇。曾经的孝感泉、郑氏祠堂、建文井、老佛社等都成为其中著名的景点。全国各地的游客，络绎不绝地前来探索，探索那千年的古风。

家风到底是什么？徐勇教授认为，家风就是一个家庭的风气，就如一个人的气质一样，以一种隐性的形态存在于日常生活之中。家风是一个家庭长期历史沉淀的结果，表现了一个家庭的特质，使一个家庭与其他家庭区别开来。

家风是一个中性的概念，并不具有绝对的正面意义，其中也可能有不好的地方，郑氏家族的家风亦是如此。

郑氏家族的孝义故事，有传说也有事实，但是它们却共同表达了一个主旨，那就是郑氏孝义的家风。其家风中的好与坏，那就要看每个时代、每个人的不同评价标准了。

随着“江南第一家”的修建，也许，白麟溪畔的郑宅镇还会有更加精彩的故事上演。

第二节 有缘千里来相会

前世的五百次回眸，才换来今世的擦肩而过。那么，今生的邂逅是天定的巧合还是命运的安排？当缘分让两个陌生人相聚到一起，一场漂洋过海的郑氏寻根之旅就此展开。

2001年11月，海内外郑氏历史文化研讨会在河南荥阳举行，从未谋面的郑余欢与韩国瑞山的代表郑厚永被随机分到了同一个房间。闲聊之中，郑余欢得知郑厚永是借此机会到中国寻根，顺着谈话的思路，“你家太公是谁”的疑问便自然而然地脱口而出。郑厚永回答：“郑冲应。”这样一个熟悉的名字显然刺激到了郑余欢的神经，他不禁大声回应：“我家太公也是郑冲应！”前一秒还是刚刚相见的陌生人，下一秒突然发现彼此间有如此深厚的渊源，这一突如其来的消息在两位老人的心中一石激起千层浪，有惊讶，有喜悦，有期盼，也有怀疑。二人立刻翻开各自带来的族谱，认真寻找相同之处。

双手有些抑制不住的微小颤抖，如果这件事是真的，那么，郑厚永所承载的韩国瑞山郑氏后人的寻根之梦即将实现。但是，认祖归宗的大事是不可能因为两个人的谈话就能轻易得到证实的，因为若是草率地宣布此事，当真相与此相悖，惊喜与失望间的明显落差是那些做了上百年寻根梦的瑞山郑氏后人所无法承受的。所以在事情未得到确认之前，两人只能压制住内心的激动，带着这一线索和满满的期盼去认真查证。

通过族谱的对照，二人真的是同一支脉的后人，为了进一步确认，郑余欢等人火速前往图书馆查阅更多可靠资料。于是，郑臣保一臣不侍二主的故事成了事情的关键。

郑绮的哥哥郑缊，字冲应，就是郑余欢与郑厚永共同的太公。据瑞山郑氏族谱记载，郑缊的曾孙郑臣保曾在宋朝末年任刑部员外郎一职，相当于现在的司法部副部长。当时，蒙古大军逐渐攻陷宋朝领地，为安抚大众，急需精通儒家学说的汉族官员，而满腹学识的郑臣保便进入了蒙古朝廷的视线。面对前来招抚的蒙古使者的威胁，郑臣保决绝地回答道："古人有云，烈女不侍二夫，忠臣不事二君，我宁死也不会臣服于蒙古朝廷！"

使者离开后，郑臣保自知宋朝灭亡已在旦夕之间，为了摆脱亡国的悲痛以及元朝的统治，郑臣保携家眷从苏杭乘船渡海，来到了韩国瑞州的看月岛。后迁居大寺同，并建了一座望云台，以解自己的思乡之情。从此，浦江郑氏的支脉便在韩国落地生根，至今已经有子孙五万余人。

2002年3月，韩国瑞山郑氏大宗会派出郑厚永等八人来到浦江寻根访祖，再次将《瑞山郑氏大同谱》同《义门郑氏宗谱》进行了一次细致地研究对照，并签下了《韩国瑞山郑氏归宗书》。从这一天起，血浓于水的亲情将越过海洋，飞过高山，将分别近七百年的浦江郑氏与瑞山郑氏紧密地联系到一起。

2004年2月27日，这是一个值得纪念的日子。浦江郑宅镇“江南第一家”的门前，鞭炮齐鸣，锣鼓喧天，这是在外漂泊已久的韩国瑞山郑氏后人祭祖归宗的大日子。由一百多名成员组成的寻根代表团怀着激动的心情走进了期盼已久的郑氏宗祠。在这里，他们焚香祭祖，叩拜祖先，聆听祖训，宣读祭文，伴着烛火香烟，共同追忆遥远的先祖。当牌位入祠的那一刻，韩国瑞山五万郑氏后人也终于找到了心中最踏实的归宿。

在韩国郑氏认祖归宗后，“江南第一家”又迎来了福建郑氏的回归。

据《闽东日报》报道，2008年福建发现金贝古墓，并推测此墓可能为建文帝之墓。在对古墓研究的过程中，工作人员有了一个意料之外的收获，那就是关于当年随建文帝出逃而不知所终的郑洽的下落。

在距离浦江郑宅五百多公里的福建蕉城漳湾的郑岐村，有一个郑氏祠堂，这里供奉的始祖，名为郑岐。村中保留了五幢明代徽派建筑，在一些老宅的木柱上刻着“无益人言休着口，不干已事莫当头”等对联，而且几乎每根柱子上都刻着类似于浦江郑义门《郑氏规范》的家训。这里还有一个罕见的行酒令，叫“九世同居”。这样一个村子，处处显示着与浦江郑氏间的微妙关系。

一个大胆的猜想萌发于研究人员的心中：郑岐就是化名后的郑洽。有人推测，郑洽举家到此处时之所以更名郑岐，是因为“洽”是“水之合”， 而“岐”为“山之分”，两字间关系密切，这样改名既可以避免危险，又可以不忘本初。为证实猜测，郑洽课题研究小组多次往返浦江郑宅与福建郑岐村进行考证。最终确认郑洽曾先后化名郑三合、郑岐，1422年卒于郑岐村，他五个儿子的名字均为木字旁，而郑义门第九代子孙的名字也都为木字旁，符合按辈分起名的规则。

当年郑洽不顾一切地护送建文帝，导致自己在郑义门宗谱上销声匿迹，其内心的遗憾不言而喻。也许在那“洽”与“岐”的变换中，隐含着郑洽心中的一丝侥幸，等待有朝一日被有心人发现，让自己魂归故里。2010年3月，祭祖归宗的盛典在浦江郑氏宗祠里再次隆重上演，郑岐村的宗谱被补入郑义门宗谱的那一刻，想必郑洽近六百年的思乡遗愿也得以实现。

曾经绵延了三百多年的郑氏家族，经过了三朝更替，也经历了天灾人祸，岁月的洗礼也许冲断了曾经的联系，却阻挡不了彼此想要靠近的心，而牵引心灵的也许就是他们孝义的家风。

参考文献

古籍类

1.欧阳修：《新唐书》，北京：中华书局，2011年点校本。

2.脱脱：《宋史》，上海：商务印书馆，1916年影印本。

3.揭傒斯：《揭文安公全集》，台北：台湾商务印书馆股份有限公司，2011年影印本。

4.郑文融：《郑氏规范》，北京：中华书局，1985年影印本。

5.郑龙湾：《麟溪集》，明刻本。

6.宋濂：《浦阳人物记》，扬州：江苏广陵古籍刻印社，1984年影印本。

7.宋濂：《宋文宪公全集》，上海：中华书局，民国铅印本。

8.宋濂：《元史》，北京：中华书局，2011年点校本。

9.韩晟等：《遂安县志》，台北：成文出版社，1983年影印本。

10.张廷玉：《明史》，上海：商务印书馆，1916年影印本。

11.王国安等：《浙江通志》，清康熙二十三年刻本。

著作类

1.四库全书存目丛书编纂委员会：《四库全书存目丛书－史88－传记类》，《金华贤达传》，(明)郑柏撰，清康熙四十七年刻本，济南：齐鲁书社，1996年影印本。

2.郭居敬等：《二十四孝》，乌鲁木齐：新疆人民出版社，2003年。

3.文崇一，萧新煌主编：《中国人：观念与行为》，南京：江苏教育出版社，2005年。

4.陈美华、辛磊：《李嘉诚全传》，北京：中国戏剧出版社，2005年。

5.王炳照主编：《中国教育史专题研究》，北京：北京师范大学出版社，2009年。

6.毛策：《孝义传家——浦江郑氏家族研究》，杭州：浙江大学出版社，2009年。

论文类

1.徐雁：《“耕读传家”：一种经典观念的民间传统》，《江海学刊》2003年第2期。

2.伍丹戈：《明代徭役的优免》，《中国社会经济史研究》1983年第3期。

3.汪根年、毛策：《东明书院考述》，《浙江师范大学学报》1986年第1期。

4.张显清：《明代官绅优免和庶民“中户”的徭役负担》，《历史研究》1986年第2期。

5.邢铁：《宋代的义庄》，《历史教学》1987年第5期。

6.包伟民：《宋代的朝廷钱物及其贮存的诸库务》，《杭州大学学报》1989年第4期。

7.廖志豪、李茂高：《略论范仲淹与范氏义庄》，《学术月刊》1991年第10期。

8.毛策：《郑氏家族与朱明王朝》，《浙江师范大学学报》1992年第3期。

9.杨志刚：《〈司马氏书仪〉和〈朱子家礼〉研究》，《浙江学刊》1993年第1期。

10.龚剑锋、蒋英根、潜苗金：《宋濂诗文拾遗（一）》，《文献》1993年第1期。

11.龚剑锋、蒋英根、潜苗金：《宋濂诗文拾遗（二）》，《文献》1993年第2期。

12.欧阳光：《宋遗民诗人方凤生平和创作初探》，《中山大学学报》1993年第2期。

13.龚剑锋、蒋英根、潜苗金：《宋濂诗文拾遗（三）》，《文献》1993年第3期。

14.毛策：《郑氏家族藏书及其著述》，《浙江师范大学学报》1994年第2期。

15.陈葛满：《宋濂简谱》，《浙江师范大学学报》1994年第2期。

16.胡青：《家族经济、道教与华林书院》，《宜春师范专科学校学报》1994年第3期。

17.徐儒宗：《儒学治家的典型——论郑义门的孝义家风》，《宁波大学学报》1995年第1期。

18.黎小龙：《“义门同居”的文化透视》，《寻根》1996年第4期。

19.浙人：《宋濂与江南第一家》，《文史知识》1996年第10期。

20.黎小龙：《论中国封建“义门”同居大家庭的产生》，《山东师范大学学报》1997年第4期。

21.陈延斌：《〈郑氏规范〉的家庭教化及其对后世的影响》，《齐鲁学刊》2001年第6期。

22.王立军：《宋代的民间家礼建设》，《河南社会科学》2002年第2期。

23.李静、孙昊：《家族内人口与生活：以浦江义门郑氏为例》，《史学月刊》2002年第4期。

24.芮顺淦：《家族史上的奇葩 廉洁德治的典范——江南第一家——浦江郑义门琐谈》，《东南文化》2003年第1期。

25.金其桢：《论牌坊的源流及社会功能》，《中华文化论坛》2003年第1期。

26.王小波、宣建华：《浦江郑宅的家族文化与建筑》，《小城镇建设》2004年第2期。

27.王善军：《范氏义庄与宋代范氏家族的发展》，《中国农史》2004年第2期。

28.洪国荣：《七百年思乡 五万人遂愿——韩国郑氏后裔寻根浦江归宗记》，《文化交流》2004年第3期。

29.苏利嫦：《从家族档案探析浦江郑氏“孝义同居”的原因》，《湖南民族职业学院学报》2007年第3期。

30.徐清祥：《探访“江南第一家”》，《今日浙江》2007年第4期。

31.李丰春：《社会评价论视野中的旌表制度》，《河南大学学报》2007年第5期。

32.梁敬明：《家族资源及其现代价值——以浙江省浦江县郑氏家族为例》，《浙江工商大学学报》2007年第6期。

33.赵倩、尹建军：《中国古代慈善组织发展的历程与特点》，《湘潮》2007年第6期。

34.何金海：《以德治家的典范——“江南第一家”郑氏家族考述》，《神州》2007年第7期。

35.周晶：《忠、孝、廉、洁 再造“江南第一家”》，《神州》2007年第11期。

36.方一新：《江南第一家》，《文化交流》2008年第2期。

37.张品端：《朱熹社仓法的基本内容及其社会保障作用》，《中国社会科学院研究生院学报》2009年第3期。

38.洪棋文：《义门郑氏德育思想研究》，硕士学位论文，杭州师范大学硕士学位论文，2009年。

39.文河：《“江南第一家”——郑宅》，《今日浙江》2010年第3期。

40.洪棋文：《义门郑氏德育思想探微》，《当代教育论坛》2010年第4

期。

41.刘合媛：《义门郑氏文人考证三则》，《佳木斯教育学院学报》2010年第6期。

42.杨晓光：《生生不息郑义门》，《中国监察》2010年第6期。

43.常建华：《元明时期义门郑氏及其规范的社会影响》，《河北学刊》2011年第2期。

44.朱琳：《既耕亦已种 时还读我书——江浙“耕读传家”风尚之由来及其文化余韵》，《图书情报研究》2012年第4期。

45.李雪慧、高寿仙：《明代徭役优免类型概说》，《故宫学刊》2013年第2期。

46.薛剑文：《中国古代民间慈善救济事业的变迁及作用》，《山西大学学报》2013年第3期。

47.姚沛涛：《朝鲜朝使臣眼中明朝万历初年的沉重赋役——以许篈〈荷谷先生朝天记〉为中心》，《青年与社会》2013年第7期。

48.贾桢干：《“江南第一家”：儒学治家及廉政建设的一次规模性实践》，《中国科技投资》2013年第17期。

报纸类

黄莉莉：《相隔600年郑洽回归浙江郑义门》，《闽东日报》2010年3月24日。